AF318939

THÉORIE SPÉCIALE

PAR DEMANDES ET PAR RÉPONSES

POUR

LA MISE EN PRATIQUE DU DÉCRET DU 1er MARS 1854

À L'USAGE

DES SOUS-OFFICIERS, BRIGADIERS ET GENDARMES

PAR

C. GOURNAY

Chef d'escadron de Gendarmerie en retraite,
Rapporteur près le 1er conseil de guerre de la 1re division militaire.

———

11e ÉDITION. — CARTONNÉE, 1 fr.

**Revue, corrigée et mise en rapport avec les modifications
apportées jusqu'à ce jour au décret du 1er mars 1854**

———

PARIS

LÉAUTEY, IMPRIMEUR-LIBRAIRE
Rue Saint-Guillaume, 24

—

1882.

NOTE DE L'AUTEUR.

Lors des inspections, il arrive souvent qu'à la théorie spéciale les gendarmes les plus instruits répondent d'une manière peu satisfaisante, parce que les questions sont mal posées par les sous-officiers et brigadiers; c'est à ce *grave* inconvénient que l'auteur a voulu remédier. Il espère, en outre, que ce travail aura l'avantage de familiariser plus promptement les nouveaux admis avec le décret du 1er mars 1854; et, à cet effet, il a indiqué en marge de chaque question l'article du décret auquel elle se rapporte.

NOTA. — Les questions sont posées de manière à pouvoir être prises au hasard, et sans être obligé de se reporter à la précédente.

Lorsqu'une question contient le texte en entier de l'article auquel l'interrogation seule a été ajoutée, l'on s'est borné, pour la réponse, au mot : oui.

THÉORIE SPÉCIALE

POUR LA MISE EN PRATIQUE

DU

DÉCRET DU 1" MARS 1854.

SPÉCIALITÉ DU SERVICE DE L'ARME.

Art. 1er. — *D. Quel est le but de l'institution de la gendarmerie*

R. La gendarmerie est une force instituée pour veiller à la sûreté publique et pour assurer le maintien de l'ordre et l'exécution des lois.

D. Quelle est l'essence du service de la gendarmerie?

R. Une surveillance continue et répressive constitue l'essence de son service.

D. Quels sont les lieux dans lesquels s'exerce l'action de la gendarmerie?

R. Son action s'exerce dans toute l'étendue du territoire continental et colonial de la République, ainsi que dans les camps et armées. Elle est particulièrement destinée à la sûreté des campagnes et des voies de communication.

Art. 2. — *D. La gendarmerie est-elle une des parties intégrantes de l'armée?*

R. Le corps de la gendarmerie est une des parties intégrantes de l'armée; les dispositions générales des lois militaires lui sont applicables, sauf les modifications et les exceptions que son organisation et la nature mixte de son service rendent indispensables.

Art. 3. — *D. Quel est le rang de la gendarmerie dans l'armée?*

R. Le corps de la gendarmerie prend rang dans l'armée à la droite de toutes les troupes de ligne.

Art. 4. — D. *Par qui les officiers, sous-officiers, brigadiers et gendarmes sont-ils nommés?*

R. Les officiers de tout grade, dans la gendarmerie, sont nommés par le président de la République, sur la présentation du ministre de la guerre. Les sous-officiers, brigadiers et gendarmes sont nommés par le ministre de la guerre et commissionnés par lui.

Art. 5. — D. *Dans les attributions de quels ministères la gendarmerie se trouve-t-elle placée?*

R. En raison de la nature mixte de son service, la gendarmerie se trouve placée dans les attributions des ministres de la guerre, de l'intérieur, de la justice, de la marine et des colonies.

SERMENT.

Art. 6. — D. *Les militaires de la gendarmerie, avant d'entrer en fonctions, sont-ils tenus de prêter serment?*

R. Les militaires de la gendarmerie, avant d'entrer en fonctions, sont tenus de prêter serment d'après la formule suivante, qui est mentionnée en marge des commissions et lettres de service.

D. *Quel est ce serment?*

R. « Je jure d'obéir à mes chefs, en tout ce qui concerne le ser-
« vice auquel je suis appelé, et, dans l'exercice de mes fonctions,
« de ne faire usage de la force qui m'est confiée que pour le main-
« tien de l'ordre et l'exécution des lois. »

D. *Par qui le serment est-il reçu?*

R. Ce serment est reçu par les présidents des tribunaux de première instance siégeant en audience publique ; il en est dressé acte, dont une expédition, délivrée sans frais, est remise au sous-intendant militaire ayant la surveillance administrative du corps ou de la compagnie, lequel en fait l'envoi au ministre de la guerre.

D. *Quelles sont les formalités à observer par la gendarmerie lors des prestations de serment?*

R. Les officiers, sous-officiers, brigadiers et gendarmes, pour être admis à prêter serment devant les tribunaux, doivent être porteurs des lettres de service ou commissions qui leur ont été délivrées par le ministre, et qui seules leur donnent le caractère d'agents de la force publique.

Art. 7. — *D. Par qui MM. les présidents des tribunaux de première instance doivent-ils être prévenus lors des prestations de serment ?*

R. Lorsque les militaires de la gendarmerie ont à prêter leur serment, s'ils font partie de l'arrondissement du chef-lieu de la légion, le colonel prévient, par écrit, le président du tribunal, pour que ces militaires puissent être admis à cette prestation à la plus prochaine audience.

Dans les autres résidences, l'officier commandant la gendarmerie du lieu où siège le tribunal prévient également par écrit le président.

D. Dans quelle tenue les sous-officiers, brigadiers et gendarmes appelés à prêter serment doivent-ils se présenter à l'audience ?

R. Les officiers, sous-officiers, brigadiers et gendarmes employés dans la résidence doivent toujours assister en grande tenue aux prestations de serment, s'ils n'en sont empêchés par les exigences du service.

INSPECTIONS GÉNÉRALES.

Art. 8. — *D. La gendarmerie est-elle inspectée comme les autres corps de l'armée ?*

R. Les différents corps de gendarmerie sont inspectés annuellement par des inspecteurs généraux spécialement désignés à cet effet, et pris parmi les généraux de division ou de brigade.

Art. 9. — *D. Quel est l'objet des inspections générales ?*

R. Les inspections générales de la gendarmerie ont essentiellement pour objet non seulement de constater en détail la situation du personnel et du matériel de cette arme, en s'assurant que les règlements sont partout observés et que le corps répond entièrement au but de son institution, mais encore de stimuler, par de justes récompenses, l'émulation et l'activité des officiers, sous-officiers, brigadiers et gendarmes.

ORGANISATION.

Art. 12. — *D. Quelle est la répartition de la gendarmerie ?*

R. La gendarmerie est répartie par *brigades* sur tout le territoire de la France, de l'Algérie et des colonies.

Ces brigades sont à cheval ou à pied.

D. Quel est l'effectif de chaque brigade?

R. L'effectif des brigades à cheval est de cinq hommes, y compris le chef de poste. Elles sont commandées par un sous-officier ou par un brigadier. (*Décis. du 25 déc.* 1869.)

Les brigades à pied sont également de cinq hommes, commandées, soit par un brigadier, soit par un sous-officier, sauf dans la 15ᵉ légion *ter* (Corse), qui a une organisation spéciale.

Art. 13. — *D. Quelle est l'organisation de la gendarmerie?*

R. Le commandement et la direction du service de la gendarmerie appartiennent, dans chaque arrondissement administratif, à un officier du grade de capitaine ou de lieutenant; dans chaque département, à un officier du grade de chef d'escadron.

La gendarmerie d'un département forme une *compagnie* qui prend le nom de ce département.

Plusieurs compagnies, selon l'importance du service et de l'effectif, forment une *légion*.

Par exception, la gendarmerie affectée au service de surveillance en Corse constitue une légion.

RECRUTEMENT.

Art. 17. — *D. A qui les emplois de gendarme sont-ils donnés?*

R. Les emplois de gendarme sont donnés à des militaires en activité (1), ou appartenant à la réserve, ou libérés du service actif, quel que soit le corps dans lequel ils ont servi, lorsqu'ils réunissent d'ailleurs les conditions exigées.

Art. 18. — *D. Quelles sont les conditions d'admission dans la gendarmerie?*

R. Les conditions d'admission dans la gendarmerie sont :

1° D'être âgé de vingt-cinq ans au moins et de quarante ans au plus (les anciens gendarmes seuls peuvent être réadmis jusqu'à quarante-cinq ans; toutefois, nul ne peut être admis s'il est trop âgé pour pouvoir compléter à soixante ans le temps de service exigé pour la retraite);

2° D'avoir au moins la taille de 1 mètre 66 pour les deux armes (2);

---

(1) Des élèves-gardes ou élèves-gendarmes peuvent être admis dans la garde républicaine, dans le bataillon mobile, dans la gendarmerie coloniale et dans la 19ᵉ légion. Ils doivent avoir vingt-deux ans d'âge, un an de présence au corps. (*Décret du 29 mars 1873; décis. minist. du 6 août 1878; décis. présid. du 15 août 1879; lettre minist. du 13 juin 1879.*)

(2) Décision présidentielle du 21 octobre 1878.

3° D'avoir servi activement sous les drapeaux pendant trois ans au moins;

4° De savoir lire et écrire correctement;

5° De justifier, par des attestations légales, d'une bonne conduite soutenue.

Art. 19. — D. *Par qui les propositions d'admission dans la gendarmerie sont-elles faites pour les militaires en activité ?*

R. Les militaires en activité qui réunissent les conditions d'admission sont proposés chaque année par les inspecteurs généraux d'armes.

Art. 20. — D. *Dans l'intervalle d'une inspection générale à l'autre, les militaires en activité de service peuvent-ils être proposés pour la gendarmerie ?*

R. Dans l'intervalle d'une inspection générale à l'autre, ces militaires peuvent, sur leur demande, être proposés pour la gendarmerie lors des revues trimestrielles. En cas d'admission, le militaire en activité provenant d'un corps de l'armée est tenu de compléter dans la gendarmerie le temps de service exigé par la loi ou par l'engagement qu'il aura contracté.

Art. 21. — D. *Par qui les militaires envoyés dans la réserve doivent-ils être proposés pour la gendarmerie ?*

R. Les militaires envoyés dans la réserve en attendant la libération de la classe à laquelle ils appartiennent, et ceux qui sont libérés définitivement du service, sont proposés pour la gendarmerie par les chefs de légion, sur la présentation des commandants de compagnie, qui demeurent responsables de l'exécution des conditions d'admission.

Les chefs de légion peuvent aussi proposer des militaires en activité de service qui se trouveraient momentanément dans leurs foyers, mais à la condition pour ceux-ci de produire le consentement de leurs chefs de corps.

CHANGEMENTS DE RÉSIDENCE.

Art. 24. — D. *Les militaires de tout grade de la gendarmerie sont-ils tenus de résider dans le lieu qui leur est assigné par la lettre de service ou la commission qu'ils ont reçue du ministre de la guerre ?*

R. Les militaires de tout grade de la gendarmerie sont tenus de résider dans le lieu qui leur est assigné par la lettre de service ou la commission qu'ils ont reçue du ministre de la guerre.

Aucun changement de corps ou de résidence, soit pour l'avantage personnel des officiers, sous-officiers, brigadiers et gendarmes, soit dans l'intérêt du service, ne peut être ordonné que par le ministre.

Art. 25. — D. *A quelle époque les changements de corps ou de résidence sont-ils proposés, soit dans l'intérêt du service, soit par mesure de discipline, soit sur les demandes des sous-officiers, brigadiers et gendarmes?*

R. Les changements de corps ou de résidence sont proposés, soit dans l'intérêt du service, soit par mesure de discipline, soit sur la demande des officiers, sous-officiers, brigadiers et gendarmes, à l'époque des inspections générales.

Dans le cours de leur inspection, les inspecteurs généraux peuvent ordonner d'urgence les changements de résidence des sous-officiers, brigadiers et gendarmes dans la circonscription de la même légion. Il en est rendu compte au ministre.

Si, dans l'intervalle d'une revue à l'autre, des raison de service ou de discipline exigent que des sous-officiers, brigadiers ou gendarmes soient changés de résidence dans l'étendue de la même légion, le colonel peut proposer cette mesure au ministre. Dans le cas de nécessité impérieuse, il est autorisé à l'ordonner d'urgence, sauf à en rendre compte immédiatement.

Art. 26. — D. *Dans quelles circonstances les changements de corps ou de légion, pour les sous-officiers, brigadiers et gendarmes, sont-ils autorisés?*

R. Les changements de corps ou de légion sont autorisés, pour les gendarmes, sur l'adhésion écrite et réciproque des deux chefs de corps ou de légion. Cette adhésion n'est valable que dans l'intervalle d'une inspection à l'autre. Quant aux sous-officiers et brigadiers, les changements n'ont lieu qu'aux mêmes conditions et par permutation à grade égal.

Cette restriction n'est pas applicable aux sous-officiers et brigadiers employés en Afrique et aux colonies. Ils peuvent être rappelés en France, sans permutation, après un séjour de six années consécutives, et après deux ans d'activité dans leur grade, s'ils prouvent, d'ailleurs, qu'ils possèdent les ressources nécessaires pour faire face aux dépenses de leur équipement. Ceux que des raisons de santé suffisamment justifiées mettent dans l'impossibilité de continuer à servir en Afrique ou aux colonies sont rappelés dans l'intérieur en dehors des conditions précitées.

Les sous-officiers, brigadiers et gendarmes débiteurs ne peuvent, pour convenance personnelle, obtenir leur changement de légion, ni même de compagnie dans la légion, avant d'avoir acquitté les sommes qu'ils redoivent aux caisses; ils doivent être, en outre, convenablement montés, habillés et équipés.

Nota. Les militaires de la gendarmerie qui désirent obtenir un changement de résidence par convenance personnelle doivent avoir deux ans de résidence au moins au 31 décembre de l'année courante.

CONGÉS, PERMISSIONS, DÉMISSIONS ET RENVOIS.

Art. 28 et 29. — D. *Qu'entend-on par congés, qui peut les accorder, et quelle peut en être la durée?*

R. Les absences pour cause de santé et de convenance personnelle dont la durée doit dépasser trente jours ne peuvent être autorisées que sous forme de congé.

Les congés sont accordés par le ministre de la guerre sur la proposition des chefs de légion; leur durée ne peut excéder trois mois.

Chaque demande de congé est accompagnée des pièces exigées par les règlements. (*Art. 2 et 3 du décret du 27 nov. 1868.*)

D. *Dans quelles limites peut-il être accordé des permissions d'absence pour cause de convenance personnelle avec solde de présence et de congé?*

R. Ces limites sont les suivantes pour les militaires de tous grades de la gendarmerie :

Par le commandant de compagnie, deux jours avec solde de présence;

Par le chef de légion, quatre jours avec solde de présence ou huit jours avec solde de congé ;

Par le général de brigade, huit jours avec solde de présence ou quinze jours avec solde de congé;

Par le général de division, quinze jours avec solde de présence ou trente jours avec solde de congé;

Par le commandant du corps d'armée, trente jours avec solde de présence. (*Décret du 27 nov. 1868 et décis. du 6 nov. 1873.*)

Art. 30. — D. *Les militaires de la gendarmerie peuvent-ils obtenir des prolongations de congé?*

R. Oui, ils doivent, à cet effet, justifier du besoin réel de ces prolongations : les chefs d'escadrons et capitaines, au chef de légion le plus à proximité, et les lieutenants, ainsi que les sous-officiers, brigadiers et gendarmes, au commandant de la gendarmerie du département où ils se trouvent. Les demandes et les certificats sont transmis directement au ministre par les chefs de légion ou commandants de compagnie, suivant le cas, avec leur avis motivé.

D. Les militaires de la gendarmerie peuvent-ils également obtenir des prolongations de permission ?

R. En cas d'*absolue nécessité*, les militaires en jouissance d'une permission avec solde de présence peuvent obtenir des généraux de division ou des commandants de corps d'armée sous les ordres desquels ils servent ou dans le commandement desquels ils jouissent de leur permission, une prolongation avec solde de congé en conservant la solde de présence pour la permission primitive, à la condition toutefois que la durée totale de l'absence ne dépassera pas les limites fixées plus haut.

Lorsque la prolongation d'une permission accordée avec solde de présence a pour effet d'étendre l'absence au delà de trente jours, le titulaire n'a plus droit qu'à la solde de congé pour toute la durée de l'absence.

Les demandes de permission et de prolongation de permission sont transmises dans la même forme que les demandes de congé.

Elles doivent être faites assez à temps pour que l'intéressé puisse rejoindre dans les délais prescrits, si la prolongation ne lui est pas accordée. (*Décret du 27 nov.* 1868.) (1)

D. Les militaires en congé ou en permission peuvent-ils changer de résidence sans autorisation ?

R. Les militaires absents en vertu de congé ou de permission ne peuvent pas changer de résidence pendant la durée de ces absences sans une autorisation spéciale du général commandant la région, qui seul a le droit de l'accorder. (*Décret du 27 nov.* 1868, *art.* 12.)

Art. 31. — *D. Les militaires de la gendarmerie peuvent-ils demander leur démission ?*

R. Les militaires de la gendarmerie qui ne sont plus liés au service peuvent demander leur démission à l'époque des revues. Ces demandes sont examinées par l'inspecteur général et transmises au ministre de la guerre, qui prononce définitivement.

D. Dans l'intervalle des inspections, les militaires de la gendarmerie peuvent-ils demander leur démission ?

R. Si, dans l'intervalle des inspections, quelques-uns de ces militaires justifient que de puissants motifs les forcent à se retirer de

---

(1) Le général commandant le corps d'armée peut accorder des prolongations de congés et de permissions de trois mois. (*Note minist. du* 12 *janv.* 1876.)

la gendarmerie, leurs demandes sont transmises par le chef de légion ou de corps, avec les observations de cet officier supérieur. Le ministre accorde les démissions, s'il y a lieu.

D. Peut-il être donné suite à une demande de démission formée par un militaire qui se trouve débiteur envers la caisse du corps auquel il appartient?

R. Dans aucun cas, il ne peut être donné suite à une demande de démission formée par un militaire qui se trouve débiteur envers la caisse du corps auquel il appartient.

Art. 32. — *D. Comment les militaires de la gendarmerie qui donnent leur démission doivent-ils la formuler?*

R. Les militaires de la gendarmerie qui donnent leur démission dans les cas prévus par l'article précédent doivent la formuler, par écrit, en ces termes (1) :

« Je soussigné…, à la résidence de…, compagnie de…, offre « ma démission du grade et de l'emploi dont je suis pourvu dans « l'armée et dans la gendarmerie. Je déclare, en conséquence, re- « noncer volontairement à tous les droits acquis par mes services, « et demande à me retirer à…, département de….

« A…, le… 18… »

Art. 33. — *D. Quels sont les titres accordés aux militaires qui demandent leur démission pour se retirer dans leurs foyers?*

R. Il est accordé par le ministre de la guerre, aux sous-officiers, brigadiers et gendarmes démissionnaires, des certificats d'*acceptation de démission.*

Art. 34. — *D. Quels sont les titres accordés aux hommes admis dans la gendarmerie étant encore liés au service, qui demandent à quitter l'arme dans les six mois qui suivent leur libération, et à ceux qui, ayant été admis dans l'arme après libération du service, donnent leur démission dans les six mois de leur admission?*

R. Les hommes admis étant encore liés au service, et qui demandent à quitter la gendarmerie dans les *six mois* qui suivent leur libération, n'ont droit qu'à *des congés définitifs du service de la gendarmerie.*

Ceux qui ont été admis dans l'arme après libération du service, et qui donnent leur démission dans les six mois de leur admission,

---

(1) La formule de démission ne doit pas être imprimée et il ne doit y être fait aucune modification.

sont rayés purement et simplement des contrôles. Il leur est délivré par le conseil d'administration du corps ou de la compagnie un certificat constatant la durée de leur présence dans l'arme.

Art. 35. — D. *Est-il accordé des certificats de bonne conduite aux militaires de l'arme?*

R. Des certificats de bonne conduite sont accordés directement par le ministre aux militaires de l'arme. Ces certificats sont de deux modèles (1) (nos 1 et 2) suivant la nature du témoignage de satisfaction que les hommes ont mérité.

Mais il est formellement interdit aux conseils d'administration, ainsi qu'à tout commandant de compagnie, d'arrondissement *ou de brigade,* de jamais délivrer aux hommes démissionnaires ou congédiés aucune attestation particulière de bon service ou de moralité, sous quelque forme et en quelques termes que ce soit.

Art. 36. — D. *Les militaires qui demandent leur démission peuvent-ils se retirer immédiatement dans leurs foyers?*

R. En tout état de choses, les militaires de l'arme qui désirent quitter le service doivent absolument attendre, pour se retirer dans leurs foyers, qu'il ait été statué sur leur demande et qu'il leur ait été remis un titre de libération régulier. En agissant autrement, ils s'exposent à être déclarés déserteurs et poursuivis comme tels par application des art. 231 et suivants du Code de justice militaire.

Art. 37. — D. *Quelles sont les mesures prescrites par le décret du 1er mars 1854 à l'égard des sous-officiers, brigadiers et gendarmes qui ne conviennent pas au service de la gendarmerie?*

R. Les sous-officiers, brigadiers et gendarmes qui ne conviennent pas au service de la gendarmerie sont congédiés ou réformés lorsqu'ils ont accompli le temps de service voulu par la loi de recrutement.

Les congés de réforme, comme les congés absolus, sont délivrés par le ministre. Les militaires qui en sont l'objet ne peuvent être envoyés dans leurs foyers sans avoir reçu préalablement le titre régulier qui doit leur être adressé.

Les militaires congédiés par application du présent article ne peuvent plus être réadmis dans la gendarmerie.

---

(1) L'objet du certificat n° 2 est de fermer l'accès de la gendarmerie à celui qui l'a obtenu et de l'obliger à servir dans un corps de troupe en cas de mobilisation ou d'appel. (*Instr. du 8 avril 1882, art. 10.*)

Les hommes qui servent moins d'un an dans la gendarmerie n'ont pas droit au certificat n° 1.

Art. 38. — *D. Les militaires qui, étant encore liés au service, ne réunissent pas toutes les conditions d'aptitude pour le service de la gendarmerie peuvent-ils être réintégrés dans les armes d'où ils proviennent ?*

R. Les militaires qui, étant encore liés au service, ne réunissent pas toutes les conditions d'aptitude pour le service de la gendarmerie peuvent être réintégrés dans les armes d'où ils proviennent ; mais ces changements de corps n'ont lieu qu'à l'époque des inspections.

Les demandes de réintégration dans la ligne, faites pour *convenance personnelle*, ne sont admissibles qu'autant que les militaires qui les ont formées peuvent s'acquitter envers les caisses de la gendarmerie et produisent le consentement écrit du chef du corps dans lequel ils désirent passer.

Quant aux militaires de la gendarmerie qui ont été précédemment pourvus d'emplois de sous-officiers dans la ligne, les adhésions des chefs de corps doivent faire connaître s'ils peuvent être reçus dans les régiments en leur ancienne qualité.

Art. 39. — *D. Indiquez quelles mesures sont prises à l'égard des sous-officiers, brigadiers et gendarmes atteints d'infirmités incurables contractées dans le service, mais qui ne sont pas dans les catégories donnant droit à la pension de retraite ?*

R. Les sous-officiers, brigadiers et gendarmes atteints d'infirmités incurables contractées dans le service, mais qui ne sont pas dans les catégories donnant droit à la pension de retraite, peuvent être proposés pour une gratification temporaire de réforme, calculée sur les deux tiers du minimum de la pension du grade, et payée pendant un nombre d'années égal à la moitié des services accomplis.

Ceux dont les infirmités ne sont pas d'une nature assez grave pour donner droit à la retraite, à l'hôtel des Invalides ou à une gratification temporaire peuvent être proposés pour la réforme avec l'expectative d'une gratification une fois payée (1). Ils peuvent également être proposés pour une gratification renouvelable, conformément aux circulaires des 24 décembre 1864 et 14 décembre 1865 et à l'instruction du 27 février 1877.

Art. 40. — *D. Tout accident grave et de nature à altérer la santé ou à compromettre l'activité d'un sous-officier, brigadier ou gendarme, survenu dans un service commandé, doit-il être constaté ?*

R. Pour faciliter l'application des dispositions qui précèdent,

---

(1) Ce paragraphe ne s'applique qu'aux militaires qui n'ont pas satisfait à la loi du recrutement.

tout accident grave et de nature à altérer la santé ou à compromettre l'activité d'un officier, sous-officier, brigadier ou gendarme, survenu dans un service commandé, doit être constaté immédiatement par un procès-verbal régulier, appuyé de certificats d'officiers de santé, indiquant la nature et l'origine de l'accident.

Une expédition de ce procès-verbal est adressée au ministre de la guerre.

L'autre expédition reste dans les archives du corps ou de la compagnie, pour servir en cas de besoin.

Art. 42. — D. *Les sous-officiers, brigadiers et gendarmes qui, ayant accompli les vingt-cinq ans de service exigés par la loi, sont en instance pour la retraite peuvent-ils, sur leur demande, être autorisés par le ministre de la guerre à se retirer dans leurs foyers pour y attendre la fixation de la pension?*

R. Oui (1), et il en est de même pour ceux qui sont en instance de retraite proportionnelle. (*Décis. du 15 oct. 1880, et circ. du 20 dudit.*)

DE L'AVANCEMENT.

Art. 43. — D. *Comment l'avancement aux grades de brigadier et de sous-officier a-t-il lieu?*

R. L'avancement aux grades de brigadier et de sous-officier roule par légion et par corps.

Art. 44. — D. *A qui les emplois de brigadier sont-ils donnés?*

R. Les emplois de brigadier sont donnés à des gendarmes ayant au moins six mois de service dans la gendarmerie, et portés au tableau d'avancement, ainsi qu'aux sergents-majors et maréchaux des logis chefs des divers corps de l'armée proposés par les généraux à la revue trimestrielle d'avril, et ayant au moins un an d'exercice dans leur emploi.

Art. 45. — D. *A qui les emplois de maréchal des logis à pied et à cheval sont-ils donnés?*

R. Les emplois de maréchal des logis à pied et à cheval sont donnés à des brigadiers de la même arme ayant au moins six mois de service dans leur grade, et portés au tableau d'avancement, ainsi qu'à des adjudants sous-officiers des divers corps

---

(1) Le droit à la pension de retraite par ancienneté est acquis aux sous-officiers, caporaux, brigadiers et soldats à vingt-cinq ans accomplis de service effectif. (*Extrait de l'art. 10 de la loi du 26 avril 1855.*)

de l'armée proposés par les généraux à la revue trimestrielle d'avril, et ayant au moins un an d'exercice dans leur emploi. (*Décis. du 1er oct. 1861.*)

Art. 46. — D. *Comment l'avancement à l'emploi de maréchal des logis chef est-il donné ?*

R. L'avancement à l'emploi de maréchal des logis chef est donné aux maréchaux des logis à pied ou à cheval ayant au moins six mois de grade de sous-officier dans l'arme, et portés au tableau d'avancement comme réunissant les conditions d'aptitude nécessaires.

Art. 47. — D. *Comment les adjudants sont-ils choisis ?*

R. Les adjudants sont choisis indistinctement parmi les sous-officiers à pied ou à cheval ayant au moins un an de grade dans l'arme.

Art. 48. — D. *Comment les maréchaux des logis adjoints aux trésoriers sont-ils choisis ?*

R. Les maréchaux des logis adjoints aux trésoriers sont choisis indistinctement soit parmi les sous-officiers à pied et à cheval, soit parmi les brigadiers des deux armes ayant au moins un an d'exercice dans ce grade, et portés au tableau d'avancement comme réunissant les conditions d'aptitude reconnues nécessaires pour ces fonctions spéciales.

Art. 49. — D. *A quelle époque les tableaux d'avancement aux grades de brigadier et de sous-officier et les listes d'aptitude aux fonctions spéciales sont-ils établis ?*

R. Les tableaux d'avancement aux grades de brigadier et de sous-officier et les listes d'aptitude aux fonctions spéciales dans la gendarmerie sont établis de nouveau, chaque année, à l'époque des revues d'inspection générale.

Art. 52. — D. *En cas de services extraordinaires, le ministre de la guerre inscrit-il d'office sur le tableau d'avancement aux grades de sous-officier et brigadier les militaires qui ont mérité cette récompense ?*

R. Oui.

Art. 55. — D. *Comment l'avancement au grade d'officier est-il donné aux sous-officiers de gendarmerie ?*

R. Les fonctions des lieutenants et des sous-lieutenants étant les mêmes dans la gendarmerie, la moitié des lieutenances vacantes est donnée à l'avancement des sous-officiers de l'arme à pied ou à cheval, qui sont d'abord promus au grade de sous-lieutenant et sont promus à celui de lieutenant après deux ans d'exercice dans leurs fonctions.

L'autre moitié des lieutenances est donnée indistinctement à des lieutenants de l'armée âgés de plus de vingt-cinq ans et de moins de trente-six ans, et ayant au moins un an d'activité de service dans leur grade, ou à des sous-lieutenants réunissant les mêmes conditions d'âge et d'ancienneté de grade, et qui sont promus lieutenants après deux ans d'exercice de leur grade dans la gendarmerie.

Les lieutenants et sous-lieutenants d'infanterie ne peuvent être admis dans la gendarmerie départementale à moins d'avoir précédemment servi deux ans dans un corps de troupe à cheval. Cette condition n'est pas imposée à ceux qui sont exclusivement proposés pour l'infanterie de la garde républicaine ou pour le bataillon mobile. (*Décis. des 16 mars 1870 et 30 sept. 1878.*)

Art. 56. — *D. A qui les emplois de sous-lieutenant-trésorier sont-ils donnés ?*

R. Les emplois de sous-lieutenant-trésorier de gendarmerie sont donnés, la moitié aux sous-officiers de l'arme à pied ou à cheval proposés pour l'avancement et portés sur la liste d'aptitude à ces fonctions spéciales, et l'autre moitié aux lieutenants ou sous-lieutenants de l'armée. (*Décis. du 1er oct. 1861.*)

L'organisation du bataillon mobile comporte un emploi de lieutenant d'habillement. Cet emploi peut être conféré à un sous-officier du corps porté au tableau d'avancement et dont l'aptitude est constatée. (*Décis. présid. du 30 sept. 1878.*)

RÉCOMPENSES CIVILES ET MILITAIRES.

Art. 69. — *D. Que doit-il être fait lorsqu'un militaire de la gendarmerie se signale par un acte de courage ou de dévouement ?*

R. Lorsqu'un militaire de la gendarmerie se signale par un acte de courage ou de dévouement, le rapport de l'événement est adressé par le commandant de la compagnie au chef de légion ou de corps, qui le transmet au ministre de la guerre avec les pièces justificatives à l'appui.

Si ce militaire a agi en dehors du service et couru des dangers sérieux, il peut être adressé, en même temps, en sa faveur, une demande de médaille d'honneur ou de sauvetage, établie conformément au modèle annexé à la circulaire ministérielle du 11 juin 1844.

Il est fait mention sur les matricules, et par suite sur les états de service, des médailles d'honneur ou de sauvetage accordées à titre de récompenses civiles à des militaires de la gendarmerie pour des traits de courage et de dévouement.

Art. 70. — D. *Les militaires de la gendarmerie concourent-ils, comme ceux des autres corps de l'armée et dans les mêmes conditions, pour l'admission ou l'avancement dans la Légion d'honneur?*

R. Les militaires de la gendarmerie concourent, comme ceux des autres corps de l'armée, et dans les mêmes conditions, pour l'admission ou l'avancement dans la Légion d'honneur. Le nombre des propositions à établir en faveur des officiers, sous-officiers, brigadiers et gendarmes est déterminé, chaque année, par des instructions ministérielles sur les inspections générales de l'arme.

Art. 71. — D. *Les sous-officiers, brigadiers et gendarmes concourent-ils, pour la médaille militaire, dans les mêmes conditions que les militaires des autres corps de l'armée?*

R. Les sous-officiers, brigadiers et gendarmes concourent, pour la médaille militaire, dans les mêmes conditions que les militaires des autres corps de l'armée. Le nombre des candidats est déterminé, chaque année, par les instructions ministérielles sur les inspections générales.

Art. 72. — D. *Des propositions spéciales de récompenses, de gratifications ou d'indemnités pécuniaires peuvent-elles être faites pour des services importants rendus par des militaires de la gendarmerie ou pour des pertes qu'ils auraient éprouvées dans l'exercice de leurs fonctions?*

R. Des propositions spéciales de récompenses, de gratifications ou d'indemnités pécuniaires peuvent être faites pour des services importants rendus par des militaires de la gendarmerie ou pour des pertes qu'ils auraient éprouvées dans l'exercice de leurs fonctions. Ces propositions sont transmises au ministre de la guerre par les chefs de légion ou de corps avec un avis motivé.

DEVOIRS DE LA GENDARMERIE ENVERS LES MINISTRES.

Art. 73. — D. *Quelles sont les attributions du ministre de la guerre à l'égard de la gendarmerie?*

R. Le ministre de la guerre a dans ses attributions l'organisation, le commandement, l'exécution réglementaire de toutes les parties du service;

Les admissions dans la gendarmerie, l'avancement, les changements de résidence, les congés temporaires et définitifs, les admissions à la retraite et les récompenses militaires;

L'ordre intérieur, l'instruction militaire, la police et la discipline des corps et compagnies, la tenue, l'armement, la fixation de l'emplacement des brigades, la solde, l'habillement, l'équipement, la remonte, l'approvisionnement des fourrages, l'emploi des masses, l'administration et la vérification de la comptabilité;

Les inspections générales, les revues et tournées des officiers, enfin les opérations militaires de toute nature.

Art. 74. — *D. La police judiciaire militaire est-elle dans les attributions du ministre de la guerre?*

R. Sont également dans les attributions du ministre de la guerre:

1° La police judiciaire militaire exercée, sous l'autorité du général commandant la circonscription (1), par les officiers, sous-officiers et commandants de brigade de gendarmerie. (*Art. 84 du Code de justice milit.*)

D. En est-il de même de la surveillance que la gendarmerie est tenue d'exercer sur les militaires absents de leurs corps?

R. 2° La surveillance que la gendarmerie est tenue d'exercer sur les militaires absents de leurs corps. Il est adressé au ministre, du 5 au 10 du premier mois de chaque trimestre, et pour chaque compagnie, un rapport spécial du service des brigades sur la recherche des déserteurs et insoumis dont le signalement leur a été adressé et sur la rentrée des militaires sous les drapeaux.

Art. 79. — *D. Quelles sont les attributions du ministre de l'intérieur à l'égard de la gendarmerie?*

R. Les mesures prescrites pour assurer la tranquillité du pays, pour le maintien de l'ordre et pour l'exécution des lois et règlements d'administration publique émanent du ministre de l'intérieur.

Il lui appartient de donner des ordres pour la police générale, pour la sûreté de l'État et pour le rassemblement des brigades en cas de service extraordinaire.

Il lui est rendu compte périodiquement du service habituel de la gendarmerie.

Art. 86. — *D. Quelles sont les attributions du ministre de la justice à l'égard de la gendarmerie?*

R. Le service des officiers de gendarmerie, considérés comme officiers de police judiciaire, et agissant en vertu du Code d'ins-

---

(1) Art. 2 de la loi du 18 mai 1875.

truction criminelle, soit en cas de flagrant délit, soit en vertu de commissions rogatoires, est du ressort du ministre de la justice.

Art. 88. — *D. Quelles sont les attributions du ministre de la marine et des colonies à l'égard de la gendarmerie ?*

R. La surveillance exercée par la gendarmerie sur les militaires des troupes de la marine jusqu'à leur embarquement, la recherche des déserteurs de l'armée de mer et la poursuite des forçats évadés des bagnes, l'escorte des condamnés transférés dans les colonies pénitentiaires et la police à exercer dans ces établissements, tant à l'intérieur qu'à l'extérieur, sont du ressort du ministre de la marine et des colonies.

Nota. La gendarmerie est chargée de faire visiter et admettre à l'hôpital, s'il y a lieu, tout homme de la marine malade, voyageant isolément ou en détachement et se trouvant dans un lieu où il n'y a ni commandant ni major de place. (*Circ. du 27 mars 1878.*)

RAPPORTS DE LA GENDARMERIE AVEC LES AUTORITÉS JUDICIAIRES ET CIVILES.

Art. 91. — *D. Comment s'exerce l'action des autorités civiles, administratives et judiciaires sur la gendarmerie, en ce qui concerne son emploi ?*

R. L'action des autorités civiles, administratives et judiciaires sur la gendarmerie, en ce qui concerne son emploi, ne peut s'exercer que par des réquisitions.

Art. 92. — *D. A qui les réquisitions destinées à la gendarmerie doivent-elles être adressées par les diverses autorités ?*

R. Les réquisitions sont toujours adressées au commandant de la gendarmerie du lieu où elles doivent recevoir leur exécution, et, en cas de refus, à l'officier sous les ordres duquel est immédiatement placé celui qui n'a pas obtempéré à ces réquisitions.

Elles ne peuvent être données ni exécutées que *dans l'arrondissement de celui qui les donne et de celui qui les exécute.*

Art. 93. — *D. En quelles circonstances la main-forte doit-elle être accordée ?*

R. La main-forte est accordée toutes les fois qu'elle est requise par ceux à qui la loi donne le droit de requérir.

Art. 94. — *D. Dans quels cas la gendarmerie peut-elle être requise ?*

R. Les cas où la gendarmerie peut être requise sont tous ceux prévus par les lois et les règlements ou spécifiés par les ordres particuliers du service.

Art. 95. — *D. Que doivent énoncer les réquisitions adressées à la gendarmerie ?*

R. Les réquisitions doivent énoncer la loi qui les autorise, le motif, l'ordre, le jugement ou l'acte administratif en vertu duquel elles sont faites.

Art. 96. — *D. Comment les réquisitions adressées à la gendarmerie doivent-elles être faites?*

R. Les réquisitions sont faites par écrit, signées, datées, et dans la forme ci-après :

« République Française.

« AU NOM DU PEUPLE FRANÇAIS.

« Conformément à la loi..., en vertu d... (loi, arrêté, règlement),
« nous requérons le (grade et lieu de résidence) de commander,
« faire... se transporter... arrêter, etc.
« et qu'il nous fasse part (si c'est un officier) et qu'il nous rende
« compte (si c'est un sous-officier) de l'exécution de ce qui est
« par nous requis au nom du peuple français. » (*Décret du 6 sept.*
1870; *décis. présid. du* 10 *juin* 1880.)

Art. 97. — *D. Quels sont les termes que les diverses autorités doivent s'abstenir d'employer dans leurs réquisitions?*

R. Les réquisitions ne doivent contenir aucun terme impératif, tel que : *ordonnons, voulons, enjoignons, mandons,* etc., ni aucune expression ou formule pouvant porter atteinte à la considération de l'arme et au rang qu'elle occupe parmi les corps de l'armée.

Art. 98. — *D. Comment la gendarmerie, légalement requise pour assister l'autorité, doit-elle être employée?*

R. Lorsque la gendarmerie est légalement requise pour assister l'autorité dans l'exécution d'un acte ou d'une mesure quelconque, elle ne doit être employée que pour assurer l'effet de la réquisition et pour faire cesser, au besoin, les obstacles et empêchements.

Art. 99. — *D. La gendarmerie peut-elle être employée à porter les dépêches des autorités civiles ou militaires?*

R. La gendarmerie ne peut être distraite de son service ni détournée des fonctions qui font l'objet principal de son institution pour porter les dépêches des autorités civiles ou militaires, l'administration des postes devant expédier des estafettes extraordinaires, à la réquisition des agents du gouvernement, quand le service ordinaire de la poste ne fournit pas des moyens de communication assez rapides.

Ce n'est donc que dans le cas d'extrême urgence, et quand l'emploi des moyens ordinaires amènerait des retards préjudiciables aux affaires, que les autorités peuvent recourir à la gendarmerie pour la communication d'ordres et d'instructions qu'elles ont à donner.

Hors de ces circonstances exceptionnelles et très rares, il ne leur est point permis d'adresser des réquisitions abusives qui fatiguent inutilement les hommes et les chevaux.

La gendarmerie obtempère aux réquisitions qui lui sont faites par écrit et lorsque l'urgence est indiquée; mais elle rend compte immédiatement de ce déplacement aux ministres de la guerre et de l'intérieur. Copie de ces réquisitions est adressée aux chefs de légion.

Art. 100. — *D. La gendarmerie doit-elle communiquer sans délai aux autorités civiles les renseignements qu'elle reçoit et qui intéressent l'ordre public?*

Comment et à qui les communications adressées à la gendarmerie par les autorités civiles sont-elles faites?

R. La gendarmerie doit communiquer sans délai aux autorités civiles les renseignements qu'elle reçoit et qui intéressent l'ordre public. Les autorités civiles lui font les communications et réquisitions qu'elles reconnaissent utiles au bien du service.

Ces communications, verbales ou par écrit, sont toujours faites au commandant de la gendarmerie du lieu ou de l'arrondissement. Les autorités ne peuvent s'adresser à l'officier supérieur en grade que dans le cas où elles auraient à se plaindre de retard ou de négligence.

Les communications écrites entre les magistrats, les administrateurs et la gendarmerie doivent toujours être signées et datées.

Il n'est pas fait de rapport politique. (*Circ. du 31 août 1879.*)

Art. 101. — *D. Quels sont les devoirs des officiers ou sous-officiers de gendarmerie lorsqu'ils ont rendu compte d'un événement?*

R. Tout officier ou sous-officier de gendarmerie qui a fait le rapport d'un événement doit rendre compte successivement des opérations qui en sont la suite, ainsi que de leur résultat. Ces comptes doivent toujours rappeler la date du rapport primitif.

Art. 103. — D. *Les communications verbales ou par écrit, entre les autorités judiciaires ou administratives et la gendarmerie, ne doivent-elles pas toujours avoir un objet déterminé de service?*

R. Les communications verbales ou par écrit, entre les autorités judiciaires ou administratives et la gendarmerie, doivent toujours avoir un objet *déterminé* de service, et n'imposent nullement aux militaires de cette arme l'obligation de se déplacer chaque jour pour s'informer du service qui pourrait être requis. Dans les cas extraordinaires, les officiers de gendarmerie doivent se rendre chez les autorités aussi fréquemment que la gravité des circonstances peut l'exiger, sans attendre des invitations de leur part.

Toutes les fois qu'ils ont à conférer avec les autorités locales, les officiers de gendarmerie doivent être en tenue militaire.

RAPPORTS DE LA GENDARMERIE AVEC LES AUTORITÉS JUDICIAIRES.

Art. 105. — D. *Les mandements de justice peuvent-ils être notifiés et mis à exécution par les gendarmes?*

R. Les mandements de justice peuvent être notifiés aux prévenus et mis à exécution par les gendarmes.

Art. 107. — D. *Dans quelles circonstances la gendarmerie peut-elle être employée à porter des citations aux témoins?*

R. La gendarmerie ne peut être employée à porter des citations aux témoins appelés devant les tribunaux civils que dans le cas d'une nécessité urgente et absolue. Il importe que les militaires de cette arme ne soient point détournés de leurs fonctions pour ce service, lorsqu'il peut être exécuté par les huissiers et autres agents.

Dans aucun cas, les gendarmes ne peuvent être employés comme garnisaires.

Nota. Les garnisaires sont supprimés par la loi du 9 février 1877.

Art. 108. — D. *La notification des citations adressées aux jurés doit-elle être faite par la gendarmerie?*

R. La notification des citations adressées aux jurés appelés à siéger dans les cours d'assises est une des attributions essentielles de la gendarmerie. Cette notification a lieu sur la réquisition de l'autorité administrative.

Art. 109. — D. *A quoi et comment les détachements de gendarmerie requis lors des exécutions des criminels condamnés par les cours d'assises sont-ils employés?*

R. Les détachements de gendarmerie requis lors des exécutions des criminels condamnés par les cours d'assises sont uniquement préposés pour maintenir l'ordre, prévenir ou empêcher les émeutes et protéger dans leurs fonctions les officiers de justice chargés de mettre à exécution les arrêts de condamnation.

RAPPORTS DE LA GENDARMERIE AVEC LES AUTORITÉS ADMINISTRATIVES.

Art. 115. — *D. Lorsque les autorités administratives ont adressé leurs réquisitions aux commandants de la gendarmerie, peuvent-elles s'immiscer dans les opérations militaires ordonnées par ces officiers?*

R. Lorsque les autorités administratives ont adressé leurs réquisitions aux commandants de la gendarmerie, conformément à la loi, elles ne peuvent s'immiscer en aucune manière dans les opérations militaires ordonnées par ces officiers pour l'exécution desdites réquisitions. Les commandants de la force publique sont, dès lors, seuls chargés de la responsabilité des mesures qu'ils ont cru devoir prendre, et l'autorité civile qui a requis ne peut exiger d'eux que le rapport de ce qui aura été fait en conséquence de sa réquisition.

Art. 118. — *D. Les commissaires de police peuvent-ils requérir la gendarmerie?*

R. Les commissaires de police, dans l'exercice de leurs fonctions, peuvent requérir la gendarmerie, en se conformant aux dispositions des art. 91 et suivants du présent décret.

Art. 119. — *D. La gendarmerie peut-elle recevoir des missions occultes?*

R. Dans aucun cas, ni directement, ni indirectement, la gendarmerie ne doit recevoir de missions occultes, de nature à lui enlever son caractère véritable.

Son action s'exerce toujours en tenue militaire, ouvertement et sans manœuvres de nature à porter atteinte à la considération de l'arme.

RAPPORTS DE LA GENDARMERIE AVEC LES AUTORITÉS MILITAIRES.

Art. 121. — *D. Quels sont les rapports de la gendarmerie avec les autorités militaires?*

R. Les officiers de gendarmerie sont subordonnés aux généraux commandant les corps d'armée et ceux qui résident dans les places où il y a état-major sont aussi subordonnés aux commandants de ces places, pour l'ordre qui y est établi.

Les généraux et les commandants de place reçoivent, dans les cinq premiers jours de chaque mois, les états de situation numérique de la gendarmerie comprise dans l'étendue de leur commandement. Ces états sont adressés, savoir : aux généraux commandant les régions et les subdivisions de région, par les commandants de compagnie ; et aux commandants de place, par l'officier ou sous-officier commandant la gendarmerie dans la résidence (1).

Art. 122. — D. *Comment la subordination du service s'établit-elle dans les places de guerre en ce qui concerne la gendarmerie ?*

R. La subordination du service s'établit ainsi qu'il suit :

1° Dans l'état de paix, les officiers de gendarmerie sont subordonnés aux commandants de place pour les objets qui concernent le service particulier de ces places, sans néanmoins être tenus de leur rendre compte du service spécial de la gendarmerie ni de l'exécution d'ordres autres que ceux qui sont relatifs au service des places et à leur sûreté ;

2° Dans l'état de guerre, les officiers de gendarmerie des arrondissements militaires et des places de guerre dépendent, dans l'exercice de leurs fonctions habituelles, des généraux commandant les régions et subdivisions de région, et ils sont tenus, en outre, de se conformer aux mesures d'ordre et de police qui intéressent la sûreté des places et postes militaires ;

3° Dans l'état de siège, toute l'autorité résidant dans les mains du commandant militaire est exercée par lui sur la gendarmerie comme sur les autres corps.

Art. 124. — D. *La gendarmerie est-elle regardée comme portion de la garnison des places dans lesquelles elle est répartie ?*

R. La gendarmerie ayant des fonctions essentiellement distinctes du service purement militaire des troupes en garnison, l'état de siège excepté, elle ne peut être regardée comme portion de la garnison des places dans lesquelles elle est répartie. En conséquence, les généraux et commandants militaires ne passent point de revue de la gendarmerie, ne l'appellent point à la parade et ne peuvent la réunir pour des objets étrangers à ses fonctions.

---

(1) Les commandants d'arrondissement rendent compte directement aux commandants de corps d'armée de tous les événements. (*Décis. du 9 fév.* 1858.)

Art. 125. — *D. Dans les places de guerre, les commandants de gendarmerie sont-ils autorisés à demander l'ouverture des portes, et quelles sont les formalités à remplir ?*

R. Dans les places de guerre, les commandants de gendarmerie sont autorisés, pour les cas urgents et extraordinaires, et lorsque les dispositions du service l'exigent, à demander l'ouverture des portes, tant pour leur sortie que pour leur rentrée ; ils s'adressent, à cet effet, aux commandants de place.

Les demandes sont toujours faites par écrit, signées, datées et dans la forme suivante :

« SERVICE EXTRAORDINAIRE DE LA GENDARMERIE.

« *Brigade d…*

« En exécution (de l'ordre ou de la réquisition) qui nous a été
« donné par (*indiquer ici l'autorité*), nous…, commandant la bri-
« gade de…, demandons que la porte de… nous soit ouverte à…
« heure, pour notre service, avec… gendarmes de la brigade sous
« nos ordres, et qu'elle nous soit pareillement ouverte pour notre
« rentrée.

« Fait à   le   18   : »

Les commandants de place sont tenus, sous leur responsabilité, de déférer à ces réquisitions.

Art. 127. — *D. Les commandants de gendarmerie sont-ils tenus de faire connaître au commandant de place où ils résident les événements qui sont de nature à compromettre la sûreté de la place et celle des postes militaires qui en dépendent ?*

R. Les officiers de gendarmerie en résidence dans les places où il y a état-major font connaître au commandant de place les événements qui sont de nature à compromettre la sûreté de la place et celle des postes militaires qui en dépendent. (V. *les art.* 146 à 149 *du décret du 13 oct. 1863 sur le service des places.*)

Art. 128. — *D. Les officiers de gendarmerie et les commandants de brigade sont-ils tenus de correspondre directement avec les officiers généraux et les commandants des dépôts de recrutement, afin de les tenir constamment informés de tout ce qui a rapport aux hommes faisant partie de la réserve ?*

R. Les officiers de gendarmerie et les commandants de brigade sont tenus de correspondre directement avec les officiers généraux et les commandants des dépôts de recrutement, afin de les tenir constamment informés de tout ce qui a rapport aux hommes faisant partie de la réserve, en se conformant aux instructions spéciales sur ce service.

Art. 133. — D. *Les officiers, sous-officiers et commandants de brigade de gendarmerie sont-ils tenus d'exécuter les commissions rogatoires qui leur sont adressées par les officiers rapporteurs près les conseils de guerre?*

R. Les officiers rapporteurs près les conseils de guerre peuvent décerner des commissions rogatoires aux officiers, sous-officiers et commandants de brigade de gendarmerie, à l'effet d'entendre des témoins, de recueillir des renseignements et d'accomplir tous les actes inhérents à leur qualité d'officier de police judiciaire, conformément aux dispositions de l'art. 84 du Code de justice militaire.

D. *La gendarmerie est-elle chargée de faire toutes assignations, citations et notifications émanant du conseil de guerre?*

R. La gendarmerie est chargée de faire toutes assignations, citations et notifications, en vertu des art. 102 et 183 du même Code.

Art. 134. — D. *Quels sont les devoirs de la gendarmerie lors de l'exécution des jugements des tribunaux militaires?*

R. Lors de l'exécution des jugements des tribunaux militaires, soit dans les régions de l'intérieur, soit dans les camps ou armées, la gendarmerie, s'il y en a, ne peut être commandée que pour assurer le maintien de l'ordre, et reste étrangère à tous les détails de l'exécution.

Un détachement de troupe de ligne est toujours chargé de conduire les condamnés au lieu de l'exécution, et, si la peine que doivent subir ces condamnés n'est pas capitale, ils sont, après que le jugement a reçu son effet, remis à la gendarmerie, qui requiert qu'une portion du détachement lui prête main-forte pour assurer le transfèrement et la réintégration des condamnés dans la prison.

Art. 135. — D. *Les commandants des corps de troupe de ligne peuvent-ils s'immiscer dans le service de la gendarmerie?*

R. Les commandants des corps de troupe de ligne ne peuvent s'immiscer en aucune façon dans le service de la gendarmerie.

Art. 137. — D. *Dans les cas urgents, les officiers et sous-officiers de gendarmerie peuvent-ils requérir directement l'assistance de la troupe de ligne?*

R. Dans les cas urgents les officiers et sous-officiers de gendarmerie peuvent requérir *directement* l'assistance de la troupe de ligne, qui est tenue de déférer à leurs réquisitions et de leur prêter main-forte. Ils se conforment, pour ce service, aux dispositions du deuxième paragraphe de l'art. 136, ainsi conçu :

« Les demandes des officiers de gendarmerie contiennent l'extrait
« de l'ordre ou de la réquisition et les motifs pour lesquels la main-
« forte est réclamée. »

Tout militaire en activité de service ou en congé est tenu de prêter main-forte aux agents de la force publique, conformément aux art. 106 du Code d'instruction criminelle et 475 du Code pénal. (*Circ. du 23 juin 1869.*)

Art. 138. — D. *Lorsqu'un détachement de troupe de ligne est employé conjointement avec la gendarmerie, pour un service de gendarmerie, à qui le commandement appartient-il?*

R. Lorsqu'un détachement de troupe de ligne est employé conjointement avec la gendarmerie, pour un service de gendarmerie, le commandement appartient, à grade égal, à l'officier le plus ancien, quelle que soit l'arme. (*Art. 148 du décret du 13 oct. 1863.*)

Si le chef du détachement est d'une autre arme, il est obligé de se conformer aux réquisitions qui lui sont faites par écrit par l'officier de gendarmerie, lequel demeure responsable de l'exécution de son mandat lorsque l'officier auxiliaire s'est conformé à sa réquisition.

Nota. Cet article s'applique également aux sous-officiers et brigadiers de gendarmerie lorsqu'ils agissent hors la présence d'un officier de l'arme.

Art. 139 et 140. — La garde nationale ayant été dissoute en vertu de la loi du 21 août 1871, il n'y a plus lieu de s'occuper des questions traitées dans ces deux articles.

RÈGLES GÉNÉRALES.

Art. 141. — D. *Les diverses autorités auprès desquelles la gendarmerie est placée pour l'exécution des lois et règlements émanés de l'administration publique peuvent-elles prétendre exercer un pouvoir exclusif sur cette troupe ou s'immiscer dans les détails intérieurs de son service?*

R. En plaçant la gendarmerie auprès des diverses autorités pour assurer l'exécution des lois et règlements émanés de l'administration publique, l'intention du gouvernement est que ces autorités, dans leurs relations et dans leur correspondance avec les chefs de cette force publique, s'abstiennent de formes et d'expressions qui s'écarteraient des règles et des principes posés par le présent décret, et qu'elles ne puissent, dans aucun cas, prétendre exercer un pouvoir exclusif sur cette troupe, ni s'immiscer dans les détails intérieurs de son service.

Les militaires de tout grade de la gendarmerie doivent également demeurer dans la ligne de leurs devoirs envers ces autorités, en observant constamment avec elles les égards et la déférence qui leur sont dus.

DES HONNEURS A RENDRE PAR LA GENDARMERIE.

Art. 142. — D. *Quels sont les honneurs à rendre et le service à faire par la gendarmerie lors des voyages du président de la République?*

R. Lors des voyages du président de la République dans les départements, des détachements de gendarmerie sont placés sur la route qu'il doit pacourir, soit pour faire partie des escortes, soit pour assurer la libre circulation des voitures et équipages des personnes qui l'accompagnent.

Dans le cas où le président de la République voyage par la voie des chemins de fer, les détachements de gendarmerie sont placés aux gares de départ et d'arrivée, ainsi qu'aux stations intermédiaires.

Les chefs de légion reçoivent à cet égard des ordres particuliers.

Art. 143. — D. *Lorsque les ministres se rendent officiellement dans les départements et que leur voyage est annoncé, quels sont les devoirs à remplir par les commandants de gendarmerie en résidence dans les communes situées sur la route?*

R. Lorsque les ministres se rendent officiellement dans les départements et que leur voyage est annoncé, chaque commandant de la gendarmerie en résidence dans les communes situées sur la route se trouve au relais de poste ou à la station du chemin de fer, sur la ligne qu'ils doivent parcourir, afin de se tenir prêt à recevoir leurs ordres.

Les mêmes honneurs sont rendus aux ministres pour leur retour.

Art. 149. — D. *Quels sont les devoirs de la gendarmerie lorsque les préfets font des tournées administratives dans leurs départements?*

R. Lorsque les préfets font des tournées administratives dans leurs départements, la gendarmerie des localités où ils passent exécute ou fait exécuter ce qui lui est demandé par ces magistrats pour la sûreté de leurs opérations et le maintien du bon ordre. En conséquence, les commandants d'arrondissement et de brigade, prévenus de l'arrivée des préfets, sont tenus de se trouver au logement qui leur est destiné, pour savoir si le service de la gendarmerie leur est nécessaire.

Dans le cas où les préfets font des réquisitions pour qu'il leur soit fourni une escorte, deux gendarmes sont mis à leur disposition pour ce service spécial.

Art. 152. — D. *Quelle est la tenue de la gendarmerie pour les honneurs à rendre ?*

R. La gendarmerie est toujours en grande tenue pour les honneurs à rendre.

Art. 153. — D. *Quels sont les devoirs et la tenue de la gendarmerie lorsqu'elle accompagne le Saint-Sacrement aux processions ?*

R. Lorsque la gendarmerie accompagne le Saint-Sacrement aux processions de la Fête-Dieu, elle est en grande tenue et en armes ; deux sous-officiers ou gendarmes suivent immédiatement le dais ; le surplus du détachement marche entre les fonctionnaires et les assistants.

Les militaires de la gendarmerie assistent aux processions pour y maintenir l'ordre, mais non pour y faire un service d'escorte. (*Décis. minist. du 11 juin 1881.*)

Art. 160. — D. *Est-il défendu à la gendarmerie de rendre d'autres honneurs que ceux déterminés par le décret du 1er mars 1854 ?*

R. Il est expressément défendu à la gendarmerie de rendre d'autres honneurs que ceux déterminés par le décret du 1er mars 1854, et dans les cas qui y sont spécifiés, ni de fournir des escortes personnelles, sous quelque prétexte que ce soit.

Les gendarmes ne doivent point le salut aux sous-officiers de l'armée. Le salut est dû aux officiers de pompiers, des douanes et des chasseurs forestiers, en uniforme. (*Circ. des 4 nov. 1874 et 3 janv. 1878.*)

Art. 161. — D. *En général, et sauf les cas expressément déterminés par les art. 142 et suivants du décret du 1er mars 1854, les gardes et escortes d'honneur ne doivent-elles pas n'être fournies par la gendarmerie qu'à défaut de troupe de ligne ?*

R. En général, et sauf les cas expressément déterminés par les art. 142 et suivants du présent décret, les gardes et escortes d'honneur pour les autorités ne sont fournies par la gendarmerie *qu'à défaut de troupe de ligne* et en ayant, d'ailleurs, toujours égard aux besoins du service de sûreté publique.

Dans le cas où les réquisitions pour cet objet paraissent mal fondées, les chefs de corps font les représentations convenables avec tous les égards dus aux autorités constituées. Toutefois, si leurs représentations ne sont pas écoutées, ils obtempèrent aux réquisitions, sauf à rendre compte au ministre de la guerre des irrégularités qui ont pu avoir lieu.

Art. 194. — D. *Les tournées des commandants d'arrondissement peuvent-elles être un motif ou un prétexte d'interrompre ou de retarder l'exécution du service?*

R. Les tournées des commandants d'arrondissement ne peuvent être un motif ni un prétexte d'interrompre ou de retarder l'exécution du service. Les chefs de brigade, nonobstant l'avis donné par ces officiers de leur arrivée pour une revue, n'en doivent pas moins déférer aux réquisitions qui leur sont adressées et envoyer aux correspondances les hommes qu'ils sont tenus d'y fournir.

FONCTIONS DES SOUS-OFFICIERS DE TOUT GRADE.

Art. 212. — D. *En quoi consistent les fonctions d'adjudant?*

R. Les adjudants ont autorité et inspection immédiate sur les sous-officiers et brigadiers du chef-lieu de la légion pour tout ce qui a rapport au service, à la tenue et à la discipline. Ils sont placés sous les ordres du commandant de l'arrondissement, à qui ils doivent des rapports journaliers sur tout ce qui est relatif au service intérieur et au bon ordre.

Ils sont spécialement chargés de la direction du service intérieur et extérieur. Les chefs de brigade de la résidence leur rendent compte immédiatement de tous les faits qui sont venus à leur connaissance par les hommes rentrant de correspondance ou de tournées de communes.

Ils font tenir, sous leur direction et leur responsabilité, par un des sous-officiers ou brigadiers de la résidence, toutes les écritures des brigades du chef-lieu; ils s'assurent fréquemment que les registres sont constamment tenus à jour.

Art. 213. — D. *Quels sont les devoirs des adjudants à l'expiration des punitions de prison ou de salle de police subies au chef-lieu de la légion?*

R. A l'expiration des punitions de prison ou de salle de police subies au chef-lieu de la légion, les adjudants font élargir les sous-officiers, brigadiers et gendarmes punis et les renvoient à leurs résidences respectives après avoir pris les ordres du commandant de la compagnie.

Art. 214. — D. *Les adjudants doivent-ils remplir, à l'égard des brigades du chef-lieu de la légion, tous les devoirs de surveillance imposés aux chefs de brigade dans les autres résidences?*

R. Ils remplissent, à l'égard des brigades du chef-lieu de la légion, tous les devoirs de surveillance imposés aux chefs de brigade dans les autres résidences par les art. 222 et suivants du présent décret.

Art. 215. — D. *Par qui, en cas d'absence, même momentanée, l'adjudant est-il remplacé?*

R. En cas d'absence, même momentanée, l'adjudant est toujours remplacé à la caserne par un des commandants de brigade de la résidence.

Art. 216. — D. *Quelles sont les tournées à faire par l'adjudant?*

R. L'adjudant fait, au moins une fois par mois, dans les cantons soumis à la surveillance des brigades du chef-lieu, des tournées de communes, pour s'assurer auprès des autorités locales que le service de la gendarmerie s'y exécute avec régularité.

Il visite également de temps à autre les points de correspondance des brigades placées sous son commandement. Sa présence aux points de correspondance est constatée par son visa sur les feuilles de service.

Art. 217. — D. *L'adjudant est-il dépositaire et responsable de la conservation de tous les registres et documents relatifs au service des brigades de la résidence du chef-lieu de la légion?*

R. Il est dépositaire et responsable, envers le commandant de l'arrondissement, de la conservation de tous les registres et documents relatifs au service des brigades de la résidence du chef-lieu de la légion.

En cas de remplacement, il remet à son successeur, sur inventaire, toutes les pièces et archives concernant le service.

Art. 218. — D. *En cas d'absence pour le service, ou pour toute autre cause, de l'officier commandant l'arrondissement du chef-lieu de la légion, l'adjudant est-il appelé à le remplacer?*

R. L'adjudant remplace de droit, dans le commandement de l'arrondissement du chef-lieu de légion, l'officier absent pour service ou pour toute autre cause.

D. L'adjudant peut-il, au besoin, être chargé du commandement temporaire d'un autre arrondissement?

R. Il peut, au besoin, être chargé du commandement temporaire d'un autre arrondissement.

Art. 219. — *D. Les maréchaux des logis chefs remplissent-ils, au chef-lieu de chaque compagnie, toutes les fonctions attribuées aux adjudants dans les chefs-lieux de légion?*

R. Les maréchaux des logis chefs remplissent, au chef-lieu de chaque compagnie, toutes les fonctions attribuées aux adjudants par les articles ci-dessus du présent décret.

Art. 220. — *D. Quelles sont les fonctions des maréchaux des logis adjoints aux trésoriers?*

R. Les maréchaux des logis adjoints aux trésoriers sont chargés de seconder ces officiers dans tous les détails du service qui leur est attribué par les art. 201 et suivants du présent décret.

Ils peuvent être investis par ces officiers, qui en demeurent responsables, de la garde du magasin d'habillement et d'armement et de la conservation des effets de toute nature, des armes et des munitions qui s'y trouvent déposés.

En cas d'absence ou de maladie, ils remplacent les trésoriers et deviennent, dès lors, seuls responsables envers le conseil d'administration de toute la gestion qui leur est confiée.

Art. 221. — *D. A quoi sont employés les brigadiers secrétaires des chefs de légion?*

R. Les brigadiers secrétaires des chefs de légion sont employés aux travaux d'ordre et d'écritures que nécessite le service de la légion.

DES COMMANDANTS DE BRIGADE.

Art. 222. — *D. Quels sont les principaux devoirs et la responsabilité d'un commandant de brigade?*

R. Le premier soin d'un commandant doit être de donner à ses subordonnés l'exemple du zèle, de l'activité, de l'ordre et de la subordination; il doit exercer son autorité envers ses inférieurs avec fermeté, mais sans brusquerie, et ne montrer à leur égard ni hauteur ni familiarité.

Il est personnellement responsable de tout ce qui est relatif au service, à la tenue, à la police et au bon ordre de sa brigade.

Art. 223. — *D. Quels sont les moyens à employer par le commandant de brigade envers ses subordonnés, tant dans l'intérêt de la discipline que du bien du service et de la considération de l'arme?*

R. Il doit user envers ses subordonnés des moyens de répression et de discipline que les règlements mettent à sa disposition, et, si ces moyens sont insuffisants, en appeler à l'autorité de ses supérieurs; mais il ne doit jamais oublier que c'est surtout par son ascendant moral qu'il doit s'efforcer de leur inculquer l'amour des devoirs qu'ils sont appelés à remplir et le sentiment de la dignité personnelle qui doit caractériser des hommes appartenant à une arme d'élite.

Art. 224. — *D. Comment le service doit-il être réglé par le commandant de brigade?*

R. Tous les jours, avant six heures du matin en été, et avant huit heures en hiver, le commandant de la brigade règle le service et donne des ordres pour son exécution.

D. Quels sont les devoirs du commandant de brigade dans les lieux de résidence d'un commandant d'arrondissement?

R. Dans tous les lieux de résidence d'un commandant d'arrondissement, le maréchal des logis, commandant de brigade, se rend chaque jour à l'ordre chez cet officier, à l'heure qui lui est indiquée.

Art. 225. — *D. Quels sont les comptes à rendre par les commandants de brigade?*

R. Les commandants de brigade rendent compte, par un rapport journalier, à leur chef immédiat, de l'exécution du service; ce rapport contient le détail de tous les événements dont la connaissance leur est parvenue dans les vingt-quatre heures.

Dans les cas urgents, si leur rapport doit éprouver le moindre retard par la transmission hiérarchique, ils peuvent correspondre directement avec le commandant de la compagnie. Ces rapports directs ne les dispensent pas de rendre immédiatement les mêmes comptes à leur commandant d'arrondissement.

Art. 226. — *D. Quelle est la surveillance à exercer par les commandants de brigade en ce qui concerne le casernement?*

R. Les commandants de brigade surveillent l'intérieur des casernes; ils ont soin de les faire entretenir dans le meilleur état de propreté, et ils empêchent qu'il y soit commis aucune dégradation

Art. 227. — D. *Quels sont les devoirs et la responsabilité des commandants de brigade en ce qui concerne le pansage des chevaux et la distribution des fourrages?*

R. Autant que le service le permet, les chevaux sont pansés à la même heure ; les commandants de brigade sont présents au pansage, ainsi qu'aux distributions de fourrage ; ils sont responsables des négligences ou abus qu'ils auraient tolérés ou autorisés dans le régime alimentaire des chevaux.

Art. 228. — D. *Quelle est la surveillance à exercer par les commandants de brigade pour empêcher les militaires sous leurs ordres de prêter leurs chevaux ou de les employer à tout autre usage que pour le service, et q elle est la peine encourue par ces derniers en cas de contravention?*

R. Les commandants de brigade défendent expressément, sous leur responsabilité personnelle, aux militaires sous leurs ordres, de prêter leurs chevaux ou de les employer à tout autre usage que pour le service ; les gendarmes qui contreviennent à cette défense sont punis ; ils encourent la réforme lorsqu'il y a récidive.

Art. 229. — D. *Quelle est la surveillance à exercer par les commandants de brigade en ce qui concerne les chevaux des gendarmes malades ou absents, et quels sont les devoirs et la responsabilité imposés aux gendarmes chargés de monter ces mêmes chevaux?*

R. Les commandants de brigade veillent à ce que les chevaux des gendarmes malades ou absents reçoivent les soins convenables ; ils les font promener et peuvent les employer pour le service ; dans ce cas, le gendarme qui monte le cheval d'un homme malade ou absent est responsable des accidents qui proviennent du défaut de soin ou de ménagement. Lorsque ce gendarme rentre à la caserne, il doit prévenir sur-le-champ le commandant de la brigade, pour que celui-ci inspecte le cheval avant qu'il soit conduit à l'écurie.

Art. 230. — D. *Quels sont les devoirs du chef de brigade au départ de la caserne des gendarmes commandés pour un service, et au retour de ces militaires?*

R. Les gendarmes commandés pour un service ne doivent jamais sortir de la caserne avant que le chef de la brigade ait passé l'inspection des hommes, des chevaux et des armes. Au retour, la même inspection est faite pour voir si les hommes rentrent dans une bonne tenue et si les chevaux n'ont pas été surmenés,

Art. 231. — D. *Comment le roulement du service pour les tournées, conduites, escortes et correspondances périodiques de chaque brigade s'établit-il entre les maréchaux des logis chefs, maréchaux des logis, brigadiers et gendarmes, et par combien d'hommes ces divers services doivent-ils être faits ?*

R. Les tournées, conduites, escortes et correspondances (1) périodiques de chaque brigade sont toujours faites par deux hommes au moins ; les maréchaux des logis chefs, les maréchaux des logis et brigadiers roulent avec les gendarmes pour ce service. Il doit être établi de manière que les hommes qui ont été employés hors de la résidence fassent immédiatement le service intérieur de la brigade, à moins que les circonstances particulières de maladies ou autres empêchements ne forcent d'intervertir cet ordre.

Art. 232. — D. *Quels sont les devoirs du commandant de brigade en ce qui concerne : 1° les pièces pour le transfèrement des prisonniers et l'exécution des mandats de justice, des réquisitions et des ordres de conduite ; 2° les ordres du jour et les signalements des individus dont la recherche est prescrite ; enfin comment fixe-t-il le service des tournées de communes, courses et patrouilles ?*

R. Le commandant de brigade prépare et régularise les pièces pour le transfèrement des prisonniers et l'exécution des mandats de justice, des réquisitions et des ordres de conduite. Il donne connaissance aux gendarmes des ordres du jour et des signalements des individus dont la recherche est prescrite ; il fixe le service des tournées de communes, courses et patrouilles, et commande en même temps celui de la résidence, en se conformant aux dispositions de l'article précédent.

Art. 233. — D. *Par qui les registres et carnets des brigades sont-ils tenus ; veuillez en indiquer le nombre et la nomenclature ?*

R. Les commandants de brigade sont spécialement chargés de tenir constamment à jour, avec soin, avec méthode et sans omissions, tous les registres et carnets qui servent à constater les opérations de la brigade, et dont suit la nomenclature :

N° 1. Registre des ordres du jour et circulaires (2).
    2.   —   des rapports et de la correspondance.

---

(1) Les correspondances ordinaires ont été provisoirement suspendues. (*Décis. minist. du 19 nov. 1881.*)

(2) Le registre n° 1 est remplacé par un registre à barrettes destiné à recevoir les copies d'ordres et de circulaires envoyées par le commandant de compagnie. (*Circ du 30 déc. 1879.*)

Contraste insuffisant

NF Z 43-120-14

Nᵒˢ 3. Registre des procès-verbaux.
    4.   —   de l'inscription des mandats de justice.
    5.   —   des déserteurs signalés.
    6.   —   des individus en surveillance.
    7.   —   des transfèrements de prisonniers (*supprimé*) (1).
    8. Carnets de correspondance.
    9. Registre des gardes champêtres.
  10.   —   des militaires en congé.
  11.   —   des punitions.
  12.   —   des fourrages.
  14. Catalogue des archives.
  15. Carnet de tournées de communes.
  17. Registre de compte individuel de solde.

Art. 234. — D. *Indépendamment des registres au moyen desquels sont constatées toutes les opérations de l'arme, le service habituel de chaque brigade n'est-il pas relaté par des journaux ou feuilles de service, et comment ces derniers sont-ils tenus?*

R. Indépendamment de ces registres, au moyen desquels sont constatées toutes les opérations de l'arme, le service habituel de chaque brigade est relaté par un journal ou feuille de service en *une* (1) expédition qui est adressée, le premier jour de chaque mois, au commandant de l'arrondissement, avec un état récapitulatif du service fait par la brigade pendant le mois précédent, tandis que l'autre reste déposée aux archives de cette brigade. Cette feuille est présentée à la signature des maires, adjoints et autres personnes notables des diverses communes, à l'effet de constater officiellement les tournées et autres services faits par les gendarmes.

Les commandants de brigade y inscrivent chaque jour le service fait, tant à la résidence que hors la résidence, et la soumettent au visa des officiers dans leurs tournées ou lorsqu'ils visitent les points de correspondance.

Art. 235. — D. *Quels sont les devoirs des commandants de brigade pour améliorer ou compléter l'instruction élémentaire, théorique et pratique de leurs subordonnés, et quelle est leur responsabilité à ce sujet?*

R. Les commandants de brigade sont responsables de l'instruction théorique et pratique de leurs subordonnés. A cet effet, ils exigent que chaque gendarme encore assez jeune pour pouvoir améliorer ou compléter son instruction élémentaire soit pourvu d'un cahier d'écriture sur lequel il transcrit des articles du règlement ou des modèles de procès-verbaux dont ils ont indiqué à

---

(1) Circulaire du 29 juillet 1879.

l'avance le sujet. Ce cahier est soumis chaque semaine au commandant de la brigade, qui, après s'être fait expliquer les articles du règlement qu'il y trouve copiés et s'être assuré par des questions qu'ils ont été suffisamment compris, y appose sa signature. Les mêmes cahiers sont présentés, lors des tournées, à l'examen des officiers, qui les visent à leur tour et émettent leur opinion sur les progrès obtenus. Les sous-officiers ou brigadiers qui dirigent avec le plus de zèle ce genre d'instruction dans leur brigade et les gendarmes qui se font remarquer par leurs progrès peuvent être proposés par les inspecteurs généraux au ministre de la guerre pour des gratifications spéciales.

Art. 236. — D. *En cas de vacance d'emploi, d'absence ou de maladie du commandant de brigade, par qui le service de la brigade est-il dirigé?*

R. En cas de vacance d'emploi, d'absence ou de maladie, le service de la brigade est dirigé par le plus ancien des gendarmes présents. Si ce gendarme n'est pas en état de tenir les écritures, elles sont confiées à un autre gendarme de la résidence ou, au besoin, d'une résidence voisine.

Le chef de légion peut, d'ailleurs, si l'importance du service l'exige, charger de la direction momentanée de cette brigade le commandant d'une autre brigade de l'arrondissement.

Art. 237. — D. *Comment, lors du remplacement d'un commandant de brigade, la remise des registres et documents dont il est dépositaire, ainsi que celle des fourrages, doit-elle être effectuée?*

R. Lors du remplacement d'un commandant de brigade, la remise des registres et documents dont il est dépositaire, ainsi que celle des fourrages existant en magasin, est effectuée entre les mains de son successeur, sur un inventaire dressé en double expédition, dont l'une est adressée au commandant de l'arrondissement et l'autre déposée aux archives de la brigade.

DES ATTRIBUTIONS DE LA POLICE JUDICIAIRE.

Art. 238. — D. *Quel est l'objet de la police judiciaire?*

R. La police judiciaire a pour objet de rechercher les crimes, délits et contraventions, d'en rassembler les preuves et d'en livrer les auteurs aux tribunaux chargés de les punir.

Les officiers de gendarmerie de tout grade sont officiers de police judiciaire, auxiliaires du procureur de la République, dans l'arrondissement où ils exercent habituellement leurs fonctions. (*Code d'instr. crim.*)

D. L'art. 238 du décret du 1er mars 1854 est-il applicable aux sous-officiers et commandants de brigade?

R. Oui, lorsqu'ils agissent comme officiers de police judiciaire militaire.

Art. 241. — *D. Quels sont les caractères qui distinguent les crimes, les délits et les simples contraventions de police?*

R. L'infraction que les lois punissent de peines de police est une *contravention.*

L'infraction que les lois punissent de peines correctionnelles est un *délit.*

L'infraction que les lois punissent d'une peine afflictive ou infamante est un *crime.*

Art. 249. — *D. Qu'entend-on par les mots* flagrant délit?

R. Il y a flagrant délit :
Lorsque le crime se commet actuellement ;
Lorsqu'il vient de se commettre ;
Lorsque le prévenu est poursuivi par la clameur publique ;
Lorsque, dans un temps voisin du délit, le prévenu est trouvé saisi d'instruments, d'armes, d'effets ou de papiers faisant présumer qu'il en est *auteur* ou *complice.*

Art. 268 bis. — *D. Les sous-officiers et commandants de brigade, agissant comme officiers de police judiciaire militaire, doivent-ils se conformer à l'art. 86 et suivants du Code de justice militaire?*

R. Les officiers, sous-officiers et commandants de brigade devront se conformer, dans l'exercice de leurs fonctions comme officiers de police judiciaire militaire, aux dispositions des art. 86 et suivants du Code de justice militaire.

SERVICE SPÉCIAL DE LA GENDARMERIE.

Art. 269. — *D. Comment le service de la gendarmerie dans les départements se divise-t-il?*

R. Le service de la gendarmerie dans les départements se divise en service ordinaire et en service extraordinaire.

Le service ordinaire est celui qui s'opère journellement ou à des époques périodiques, sans qu'il soit besoin d'aucune réquisition de la part des officiers de police judiciaire et des diverses autorités.

Le service extraordinaire est celui dont l'exécution n'a lieu qu'en vertu d'ordres ou de réquisitions.

Art. 270. — D. *Quel est l'objet du service ordinaire et du service extraordinaire ?*

R. L'un et l'autre ont essentiellement pour objet d'assurer constamment, sur tous les points du territoire, l'action directe de la police judiciaire, administrative et militaire.

SERVICE ORDINAIRE DES BRIGADES.

Police judiciaire et administrative.

Art. 271. — D. *Quelles sont les fonctions habituelles et ordinaires des brigades ?*

R. Les fonctions habituelles et ordinaires des brigades sont de faire des tournées, courses ou patrouilles sur les grandes routes, chemins vicinaux, dans les communes, hameaux, fermes et bois, enfin dans tous les lieux de leur circonscription respective.

Art. 272. — D. *Combien de fois chaque commune doit-elle être visitée par mois ?*

R. Chaque commune doit être visitée au moins deux fois par mois et explorée dans tous les sens, indépendamment des jours où elle est traversée par les sous-officiers, brigadiers et gendarmes au retour des correspondances.

Art. 273. — D. *Comment, dans leurs tournées, les sous-officiers, brigadiers et gendarmes s'informent-ils s'il a été commis quelque crime ou délit ?*

R. Dans leurs tournées, les sous-officiers, brigadiers et gendarmes s'informent, avec mesure et discrétion, auprès des voyageurs, s'il n'a pas été commis quelque crime ou délit sur la route qu'ils ont parcourue; ils prennent les mêmes renseignements dans les communes auprès des maires ou de leurs adjoints.

Art. 274. — D. *Comment les sous-officiers, brigadiers et gendarmes recherchent-ils les auteurs des crimes ou délits ?*

R. Ils tâchent de connaître les noms, signalements, demeures ou lieux de retraite de ceux qui ont commis des crimes et délits; ils reçoivent les déclarations qui leur sont faites volontairement par les témoins et les engagent à les signer, sans cependant pouvoir les y contraindre.

Ils se mettent immédiatement à la poursuite de ces malfaiteurs pour les joindre et, s'il y a lieu, pour les arrêter au nom de la loi.

Art. 275. — *D. Que doivent faire les sous-officiers, brigadiers et gendarmes qui, dans leurs tournées, arrêtent des individus soupçonnés d'être auteurs de crimes ou délits, et que doivent contenir les procès-verbaux d'arrestation de ces mêmes individus?*

R. Après s'être assurés de l'identité de ces individus, par l'examen de leurs papiers et les questions qu'ils leur font sur leurs noms, leur état, leur domicile et les lieux d'où ils viennent, ils se saisissent de ceux qui demeurent prévenus de crimes, délits ou vagabondage, et ils en dressent procès-verbal; mais ils relâchent immédiatement ceux qui, étant désignés comme vagabonds ou gens sans aveu, se justifient par le compte qu'ils rendent de leur conduite, ainsi que par le contenu de leurs certificats et passe-ports.

Le procès-verbal d'arrestation doit contenir l'inventaire exact des papiers et effets trouvés sur les prévenus : il est signé par ces individus et, autant que possible, par deux habitants les plus voisins du lieu de la capture; s'ils déclarent ne vouloir ou ne pouvoir signer, il en est fait mention; les sous-officiers, brigadiers et gendarmes conduisent ensuite les prévenus par-devant l'officier de police judiciaire de l'arrondissement, auquel ils font la remise des papiers et effets.

Art. 276. — *D. Les sous-officiers, brigadiers et gendarmes doivent-ils saisir les assassins, voleurs et délinquants surpris en flagrant délit ou poursuivis par la clameur publique, ainsi que ceux qui sont trouvés avec des armes ensanglantées ou d'autres indices faisant présumer le crime?*

R. Ils saisissent également les assassins, voleurs et délinquants surpris en flagrant délit ou poursuivis par la clameur publique, ainsi que ceux qui sont trouvés avec des armes ensanglantées ou d'autres indices faisant présumer le crime; le flagrant délit est défini par l'art. 249.

Art. 277. — *D. Les sous-officiers, brigadiers et gendarmes doivent-ils dresser des procès-verbaux des effractions, assassinats et de tous les crimes qui laissent des traces après eux?*

R. Ils dressent également des procès-verbaux des effractions, assassinats et de tous les crimes qui laissent des traces après eux.

Art. 278. — *D. Que doivent faire les sous-officiers, brigadiers et gendarmes en cas d'incendie, d'inondation et d'autres événements de ce genre?*

R. En cas d'incendie, d'inondation et d'autres événements de ce genre, ils se rendent sur les lieux au premier avis ou signal qui leur est donné et préviennent, sans délai, le commandant de l'arrondissement.

S'il ne s'y trouve aucun officier de police ou autre autorité civile, les officiers et même les commandants de brigade ordonnent et font exécuter toutes les mesures d'urgence; ils font tous leurs efforts pour sauver les individus en danger; ils peuvent requérir le service personnel des habitants, qui sont tenus d'obtempérer sur-le-champ à leur sommation et même de fournir les chevaux, voitures et tous autres objets nécessaires pour secourir les personnes et les propriétés; les procès-verbaux font mention des refus ou retards qu'ils éprouvent à cet égard.

Art. 279. — D. *Quels sont les devoirs des commandants de brigade en cas d'incendie?*

R. Lors d'un incendie, le commandant de la brigade prend, dès son arrivée, toutes les mesures possibles pour le combattre; il distribue ses gendarmes de manière qu'ils puissent empêcher le pillage des meubles et effets qu'ils font évacuer de la maison incendiée; ils ne laissent circuler dans les maisons, greniers, caves et bâtiments que les personnes de la maison et les ouvriers appelés pour éteindre le feu; ils protègent l'évacuation des meubles et effets dans les dépôts qui ont été désignés par les propriétaires ou intéressés.

Art. 280. — D. *Que doivent faire les sous-officiers, brigadiers et gendarmes pour découvrir les causes des incendies?*

R. Les sous-officiers, brigadiers et gendarmes s'informent ensuite, auprès des propriétaires et des voisins, des causes de l'incendie: s'il provient du défaut d'entretien des cheminées, de la négligence ou de l'imprudence de quelques personnes de la maison, qui auraient porté et laissé du feu près des matières combustibles, ou par suite d'autres causes qui peuvent faire présumer qu'il y a eu malveillance.

Art. 281. — D. *Que doivent faire les commandants de brigade pour découvrir les auteurs ou complices des crimes d'incendie?*

R. Si les déclarations inculpent quelques particuliers et s'ils sont sur les lieux, le commandant de la brigade les fait venir sur-le-champ et les interroge; si leurs réponses donnent à croire qu'ils ont participé au crime de l'incendie, il s'assure de leur personne et attend l'arrivée de l'officier de police judiciaire ou du commandant d'arrondissement, auquel il remet le procès-verbal qu'il a dressé de tous les renseignements parvenus à sa connaissance, pour être pris ensuite telles mesures qu'il appartiendra.

Dans le cas d'absence du juge de paix et du commandant de l'arrondissement, les prévenus sont conduits devant le procureur de la République.

Art. 282. — *D. A quel moment les brigades qui se sont transportées sur les lieux où un incendie a éclaté peuvent-elles rentrer à leur résidence?*

R. Les brigades qui se sont transportées sur les lieux où un incendie a éclaté ne rentrent à la résidence qu'après l'extinction du feu et après s'être assurées que leur présence n'est plus nécessaire pour la conservation des propriétés, pour le maintien de la tranquillité publique et pour l'arrestation des délinquants.

Art. 283. — *D. Quels sont les devoirs de la gendarmerie lors de la découverte de tous cadavres trouvés sur les chemins, dans les campagnes ou retirés de l'eau?*

R. La gendarmerie constate, par procès-verbal, la découverte de tous cadavres trouvés sur les chemins, dans les campagnes ou retirés de l'eau; elle en prévient les autorités compétentes et le commandant de l'arrondissement, qui, dans ce cas, est tenu de se transporter en personne sur les lieux dès qu'il lui en est donné avis.

Art. 284. — *D. Quels renseignements doivent contenir les procès-verbaux rédigés par la gendarmerie pour constater la découverte d'un cadavre, et quelles mesures de précaution doit-elle prendre jusqu'à l'arrivée de la justice ou de l'officier de gendarmerie?*

R. Elle indique avec soin, dans ce procès-verbal, l'état et la position du cadavre au moment de son arrivée, les vêtements dont il est couvert, la situation et l'état des armes ensanglantées ou d'autres instruments faisant présumer qu'ils ont servi à commettre le crime, les objets ou papiers trouvés près du cadavre ou dans un lieu voisin; elle empêche que qui que ce soit y touche jusqu'à l'arrivée de la justice ou de l'officier de gendarmerie.

Elle appréhende les individus qui paraissent suspects, et s'en assure, de manière qu'ils ne puissent s'évader, pour les remettre entre les mains de l'autorité compétente.

Art. 285. — *D. Lors de la découverte d'un cadavre, quels sont les renseignements à recueillir par les sous-officiers, brigadiers et gendarmes, en attendant l'arrivée de l'officier de police judiciaire ou du commandant de l'arrondissement?*

R. En attendant l'arrivée de l'officier de police judiciaire ou du commandant de l'arrondissement, les sous-officiers, brigadiers et gendarmes doivent recueillir les déclarations qui leur sont faites par les parents, amis, voisins ou autres personnes qui sont en état de leur fournir des preuves, renseignements ou indices sur les auteurs ou complices du crime, afin qu'ils puissent être poursuivis.

Art. 286. — *D. Quelle est la surveillance à exercer par la gendarmerie sur les repris de justice, sur les condamnés libérés, sur ceux qui sont internés et qui cherchent à faire de la propagande révolutionnaire?*

R. Dans ses tournées, correspondances, patrouilles et service habituel à la résidence, la gendarmerie exerce une surveillance active et persévérante sur les repris de justice, sur les condamnés libérés, sur ceux qui sont internés et qui cherchent à faire de la propagande révolutionnaire; elle rend compte immédiatement de la disparition de ceux qui ont quitté, sans autorisation, la résidence qui leur est assignée; elle envoie leur signalement aux brigades voisines, ainsi qu'à celles qui ont la surveillance des communes où l'on suppose qu'ils se sont retirés.

Elle se met à leur poursuite et, si elle les arrête, elle les conduit devant l'autorité compétente.

Art. 287. — *D. Quels sont les devoirs de la gendarmerie pour la surveillance à exercer à l'occasion des passe-ports?*

R. Elle s'assure de la personne des étrangers et de tout individu circulant dans l'intérieur de la France sans passe-ports ou avec des passe-ports qui ne sont pas conformes aux lois, à la charge de les conduire sur-le-champ devant le maire ou l'adjoint de la commune la plus voisine : en conséquence, les militaires de tout grade de la gendarmerie se font représenter les passe-ports des voyageurs, et nul ne peut en refuser l'exhibition lorsque l'officier, sous-officier, brigadier ou gendarme qui en fait la demande est revêtu de son uniforme et décline ses qualités.

Il est enjoint à la gendarmerie de se comporter, dans l'exécution de ce service, avec politesse et de ne se permettre aucun acte qui puisse être qualifié de vexation ou d'abus de pouvoir.

Art. 288. — *D. Quelle est la ligne de conduite à tenir par la gendarmerie pour l'examen des passe-ports des personnes logées dans les auberges ou hôtelleries ou voyageant en voiture particulière?*

R. L'exhibition des passe-ports est une mesure salutaire laissée à la prudence et au discernement de la gendarmerie, et non une consigne absolue qu'il n'est pas permis de modifier ou d'interpréter.

Elle ne peut, sous le simple prétexte de visiter les passe-ports d'un individu, pénétrer dans la chambre où il est logé; elle doit attendre, pour faire cet examen, le moment de son départ ou de son stationnement dans la salle ouverte aux voyageurs, si c'est une auberge ou hôtellerie.

A moins de circonstances extraordinaires ou d'ordres spéciaux, les passe-ports des personnes voyageant en voiture particulière ne doivent être demandés que dans les auberges, hôtelleries et relais de poste.

Art. 289. — *D. Que doit faire la gendarmerie pour la recherche et arrestation des individus dont les signalements lui sont adressés ou contre lesquels elle reçoit des mandats de comparution, d'amener, de dépôt et d'arrêt; enfin de quelles formalités doivent être revêtus ces divers mandats?*

R. Les signalements des malfaiteurs, voleurs, assassins, perturbateurs du repos public, évadés des prisons et des bagnes, ainsi que ceux d'autres personnes contre lesquelles il est intervenu des mandats d'arrêt, sont délivrés à la gendarmerie, qui, en cas d'arrestation de ces individus, les conduit, de brigade en brigade, jusqu'à la destination indiquée par lesdits signalements.

Les mandats de comparution, d'amener, de dépôt et d'arrêt doivent être signés par le magistrat ou l'officier de police qui les décerne et munis de son sceau; ils doivent être datés; le prévenu doit être nommé et désigné le plus clairement possible.

De plus, le mandat d'arrêt contient l'énonciation du fait pour lequel il est décerné et l'énonciation de la loi qui déclare que ce fait est un crime ou un délit.

Art. 290. — *D. Pour faire la recherche des personnes signalées ou dont l'arrestation a été légalement ordonnée, les sous-officiers et gendarmes peuvent-ils visiter les auberges, cabarets et autres maisons ouvertes au public; comme aussi se faire présenter les registres d'inscription des voyageurs de ces mêmes établissements?*

R. Pour faire la recherche des personnes signalées ou dont l'arrestation a été légalement ordonnée, les sous-officiers et gendarmes visitent les auberges, cabarets et autres maisons ouvertes au public; ils se font présenter, par les propriétaires ou locataires de ces établissements, leurs registres d'inscription des voyageurs, et ces registres ne peuvent leur être refusés.

S'ils remarquent des oublis ou négligences dans la tenue de ces registres, ils en dressent procès-verbal pour être remis au maire ou au commissaire de police.

Le refus d'exhibition de ces registres est puni conformément à l'art. 475 du Code pénal.

Art. 291. — *D. Dans quels cas la gendarmerie peut-elle pénétrer dans la maison d'un citoyen, et comment le temps de nuit est-il réglé?*

R. La maison de chaque citoyen est un asile où la gendarmerie ne peut pénétrer sans se rendre coupable d'abus de pouvoir, sauf les cas déterminés ci-après :

1° Pendant le jour, elle peut y entrer pour un motif formellement exprimé par une loi, ou en vertu d'un mandat spécial de perquisition décerné par l'autorité compétente;

2° Pendant la nuit, elle peut y pénétrer dans les cas d'incendie, d'inondation ou de réclamations venant de l'intérieur de la maison.

Dans tous les autres cas, elle doit prendre seulement, jusqu'à ce que le jour ait paru, les mesures indiquées aux articles suivants.

Le temps de nuit est ainsi réglé :

Du 1er octobre au 31 mars, depuis six heures du soir jusqu'à six heures du matin.

Du 1er avril au 30 septembre, depuis neuf heures du soir jusqu'à quatre heures du matin.

Art. 292. — *D. En cas de flagrant délit, la gendarmerie peut-elle s'introduire dans une maison malgré la volonté du maître?*

R. Hors le cas de flagrant délit défini par l'art. 249, la gendarmerie ne peut s'introduire dans une maison malgré la volonté du maître.

D. Quelles formalités la gendarmerie a-t-elle à remplir lorsqu'elle est chargée d'exécuter les notifications de jugements?

R. Lorsqu'elle est chargée d'exécuter les notifications de jugements, elle doit toujours exhiber les extraits de mandats ou de jugements.

Art. 293. — *D. Quels sont les devoirs de la gendarmerie lorsqu'il y a lieu de supposer qu'un individu déjà frappé d'un mandat d'arrestation ou prévenu d'un crime ou délit pour lequel il n'y aurait pas encore de mandat décerné s'est réfugié dans la maison d'un particulier?*

R. Lorsqu'il y a lieu de supposer qu'un individu déjà frappé d'un mandat d'arrestation ou prévenu d'un crime ou délit pour lequel il n'y aurait pas encore de mandat décerné s'est réfugié dans la maison d'un particulier, la gendarmerie peut seulement garder à vue cette maison ou l'investir, en attendant les ordres nécessaires pour y pénétrer ou l'arrivée de l'autorité qui a le droit d'exiger l'ouverture de la maison pour y faire l'arrestation de l'individu réfugié.

Art. 294. — D. *Que doivent faire les sous-officiers, brigadiers et gendarmes lorsqu'ils arrêtent des individus dans le cas de flagrant délit ou contre lesquels il n'est pas encore survenu de mandat?*

R. Lorsque les sous-officiers, brigadiers et gendarmes arrêtent des individus en vertu des dispositions ci-dessus, ils sont tenus de les conduire aussitôt devant l'officier de police judiciaire le plus à proximité et de lui faire le dépôt des armes, papiers, effets et autres pièces de conviction. Les art. 632 et suivants du présent décret indiquent la responsabilité de la gendarmerie dans les diverses arrestations qu'elle est appelée à faire dans son service ordinaire et extraordinaire.

Art. 295. — D. *Quels sont les devoirs de la gendarmerie pour protéger la libre circulation des subsistances?*

R. La gendarmerie est chargée spécialement de protéger la libre circulation des subsistances et de saisir tous ceux qui s'y opposent par la violence.

En conséquence, elle se transporte sur les routes ou dans les communes dont elle a la surveillance, dès qu'elle apprend que des attroupements s'y sont formés dans le dessein d'empêcher cette libre circulation des grains, soit par l'appât du pillage, soit pour tout autre motif.

Art. 296. — D. *La gendarmerie doit-elle dissiper les rassemblements de toutes personnes s'opposant à l'exécution d'une loi, d'une contrainte, d'un jugement, comme aussi réprimer toute émeute populaire, et enfin disperser tout attroupement armé ou non armé, et dans quelles circonstances?*

R. Elle dissipe les rassemblements de toutes personnes s'opposant à l'exécution d'une loi, d'une contrainte, d'un jugement; elle réprime toute émeute populaire dirigée contre la sûreté des personnes, contre les autorités, contre la liberté absolue du commerce des subsistances, contre celle du travail et de l'industrie; elle disperse tout attroupement *armé* ou *non armé*, formé pour la délivrance des prisonniers et condamnés, pour l'invasion des propriétés publiques, pour le pillage et la dévastation des propriétés particulières.

L'attroupement est armé : 1° quand plusieurs individus qui le composent sont porteurs d'armes apparentes ou cachées; 2° lorsqu'un seul de ces individus porteur d'armes apparentes n'est pas immédiatement expulsé de l'attroupement par ceux-là mêmes qui en font partie.

Art. 297. — *D. Dans quels cas les sous-officiers, brigadiers et gendarmes peuvent-ils, en l'absence de l'autorité judiciaire ou administrative, déployer la force des armes?*

R. Les sous-officiers, brigadiers et gendarmes ne peuvent, en l'absence de l'autorité judiciaire ou administrative, déployer la force des armes que dans les deux cas suivants : le premier, si des violences ou des voies de fait sont exercées contre eux ; le second, s'ils ne peuvent défendre autrement le terrain qu'ils occupent, les postes ou les personnes qui leur sont confiés, ou enfin si la résistance est telle qu'elle ne puisse être vaincue autrement que par la force des armes (1).

Art. 298. — *D. Que doit faire la gendarmerie lorsqu'une émeute populaire prend un caractère et un accroissement tels qu'après une intervention énergique elle se trouve impuissante pour vaincre la résistance par la force des armes?*

R. Lorsqu'une émeute populaire prend un caractère et un accroissement tels que la gendarmerie, après une intervention énergique, se trouve impuissante pour vaincre la résistance par la force des armes, elle dresse un procès-verbal dans lequel elle signale les chefs et fauteurs de la sédition ; elle prévient immédiatement l'autorité locale, ainsi que le commandant de la compagnie ou de l'arrondissement, afin d'obtenir des renforts des brigades voisines ou de la troupe de ligne.

Art. 299. — *D. En cas d'émeute, les brigades peuvent-elles quitter le terrain et rentrer à leur résidence avant que l'ordre soit parfaitement rétabli?*

Quelle doit être leur conduite à l'égard des prisonniers qu'elles ont faits?

R. Dans aucun cas, les brigades ne doivent quitter le terrain ni rentrer à leur résidence avant que l'ordre ne soit parfaitement rétabli. Elles doivent se rappeler que force doit toujours rester à la loi. Le procès-verbal qu'elles rédigent contient le détail circonstancié des faits qui ont précédé, accompagné ou suivi la formation de ces attroupements.

Quant aux prisonniers qu'elles ont faits, et dont elles ne doivent se dessaisir à aucun prix, ils sont immédiatement conduits, sous bonne escorte, devant le procureur de la République.

-----

(1) *V.* la circulaire du 30 novembre 1853.

Art. 300. — D. *Quels sont les devoirs de la gendarmerie à l'effet de protéger les citoyens dans l'exercice de leur culte?*

R. Elle saisit tous ceux qui portent atteinte à la tranquillité publique en troublant les citoyens dans l'exercice de leur culte, ainsi que ceux qui sont trouvés exerçant des voies de fait ou des violences contre les personnes.

Art. 301. — D. *Quelle mesure doit être prise envers tout individu qui outrage les militaires de la gendarmerie dans l'exercice de leurs fonctions ou qui leur fait la déclaration mensongère d'un délit qui n'a pas été commis?*

R. Tout individu qui outrage les militaires de la gendarmerie dans l'exercice de leurs fonctions ou qui leur fait la déclaration mensongère d'un délit qui n'a pas été commis est immédiatement arrêté et conduit devant l'officier de police de l'arrondissement, pour être jugé et puni suivant la rigueur des lois.

Art. 302. — D. *Que doit faire la gendarmerie pour la surveillance du colportage des livres, gravures et lithographies; comme aussi pour réprimer la contrebande en matière de douanes et de contributions indirectes?*

R. La gendarmerie surveille le colportage des livres, gravures et lithographies; elle réprime la contrebande en matière de douanes et de contributions indirectes et saisit les marchandises transportées en fraude; elle dresse des procès-verbaux de ces saisies, arrête et conduit devant les autorités compétentes les contrebandiers et autres délinquants de ce genre, en précisant les lieux où l'arrestation a été faite, les moyens employés et la résistance qu'il a fallu vaincre.

Art. 303. — D. *La gendarmerie est-elle autorisée à faire directement, ou en prêtant main-forte aux employés de l'administration des postes, des perquisitions pour saisir tous les objets transportés en fraude; comment et en quelles circonstances ces réquisitions doivent-elles avoir lieu?*

R. Elle est autorisée à faire directement, ou en prêtant main-forte aux inspecteurs, directeurs et employés des postes, des visites et perquisitions sur les messagers et commissionnaires allant habituellement d'une ville à une autre ville, sur les voitures de messageries et autres de cette espèce portant les dépêches, et à saisir tous les objets transportés en fraude au préjudice des droits de l'administration des postes.

Art. 304. — D. *Dans quels lieux les perquisitions pour la recherche des objets transportés en fraude au préjudice des droits de l'administration des postes doivent-elles être exécutées?*

R. Afin de ne pas retarder la marche de celles de ces voitures qui transportent des voyageurs, les visites et perquisitions n'ont habituellement lieu qu'à l'entrée ou à la sortie des villes ou aux relais.

Art. 305. — D. *En quelles circonstances les perquisitions pour la recherche des objets transportés en fraude au préjudice des droits de l'administration des postes peuvent-elles être faites sur les routes?*

R. Il n'est fait de visite sur les routes qu'autant qu'un ordre de l'administration des postes le prescrit.

Art. 306. — D. *Les visites et perquisitions, pour la recherche des objets transportés en fraude au préjudice de l'administration des postes, doivent-elles être constatées par un procès-verbal?*

R. Toutes visites et perquisitions doivent, quand bien même elles ne sont suivies d'aucune saisie, être constatées par un procès-verbal conforme au modèle adopté par l'administration.

Lorsque ce procès-verbal ne donne lieu à aucune poursuite devant les tribunaux, il n'a pas besoin d'être timbré ni enregistré; il en est donné copie au particulier qui a été soumis à la visite, s'il le requiert.

Art. 307. — D. *En cas de découverte de lettres ou journaux transportés en fraude, que doit contenir le procès-verbal de saisie?*

R. Si les visites ou perquisitions ont fait découvrir des lettres ou journaux transportés en fraude, le procès-verbal, dressé à l'instant de la saisie, doit contenir l'énumération de ces lettres ou journaux, reproduire l'adresse de ces objets et mentionner, autant que possible, le poids de chaque lettre.

Art. 308. — D. *Les procès-verbaux de saisie d'objets transportés en fraude, au préjudice des droits de l'administration des postes, doivent-ils être visés pour timbre et enregistrés; enfin, à qui doivent-ils être remis?*

R. Les procès-verbaux de saisie doivent être visés pour timbre et enregistrés dans les quatre jours qui suivent la saisie. Ces formalités s'accomplissent, soit dans le lieu de la résidence des gendarmes qui ont procédé aux saisies, soit dans le lieu même où le procès-verbal a été dressé. Le procès-verbal, avec les objets saisis, est remis au directeur des postes, qui acquitte les frais de timbre et d'enregistrement.

Art. 309. — D. *La gendarmerie peut-elle, dans l'intérêt de l'administration des postes, faire des perquisitions sur des voyageurs étrangers au service des postes et n'exerçant pas l'une des professions spécifiées à l'art. 303 du présent décret?*

R. La gendarmerie ne peut, dans l'intérêt de l'administration des postes, faire des perquisitions sur des voyageurs étrangers au service des postes et n'exerçant pas une des professions spécifiées à l'art. 303. La saisie opérée sur eux dans cet intérêt est nulle.

Art. 310. — D. *Le voiturier trouvé porteur de lettres cachetées contenues dans des boîtes fermées peut-il être excusé de la contravention sous prétexte d'ignorance?*

R. Le voiturier trouvé porteur de lettres cachetées contenues dans des boîtes fermées ne peut être excusé de la contravention sous prétexte que les lettres avaient été renfermées dans ces boîtes à son insu, la bonne foi n'étant pas admissible comme excuse aux contraventions à l'arrêté du 27 prairial an IX.

Art. 311. — D. *La gendarmerie doit-elle verbaliser contre le commissionnaire ou messager portant une lettre décachetée qui n'est pas exclusivement relative aux commissions dont il est chargé?*

R. Tout commissionnaire ou messager portant une lettre décachetée qui n'est pas exclusivement relative aux commissions dont il est chargé est passible des peines portées par la loi, en vertu des art. 1er, 2 et 5 de l'arrêté du 27 prairial an IX; la gendarmerie doit donc verbaliser contre lui et faire saisie de la lettre pour la remettre au directeur des postes.

Art. 312. — D. *En quelles circonstances les lettres et papiers uniquement relatifs au service personnel des entrepreneurs de voitures peuvent-ils être saisis par la gendarmerie?*

R. Les lettres et papiers uniquement relatifs au service personnel des entrepreneurs de voitures ne peuvent être saisis par la gendarmerie, qui ne dresse procès-verbal de contravention que lorsqu'elles sont fermées et cachetées, alors même qu'elles seraient en effet relatives à ce service.

POLICE DES ROUTES ET DES CAMPAGNES.

Art. 313. — D. *Quels devoirs la gendarmerie a-t-elle à remplir pour faire la police sur les grandes routes et y maintenir la liberté des communications, comme aussi pour protéger les appareils des lignes de télégraphie électrique ou les machines des télégraphes aériens?*

R. Un des devoirs principaux de la gendarmerie est de faire la police sur les grandes routes et d'y maintenir la liberté des communications; à cet effet, elle dresse des procès-verbaux de contraventions en matière de grande voirie, telles qu'anticipations, dépôts de fumiers ou d'autres objets, et constate toute espèce de détériorations commises sur les grandes routes, sur les arbres qui les bordent, sur les fossés, ouvrages d'art et matériaux destinés à leur entretien; elle dénonce à l'autorité compétente les auteurs de ces délits ou contraventions.

Elle dresse également des procès-verbaux de contravention, comme en matière de grande voirie, contre quiconque, par imprudence ou involontairement, a dégradé ou détérioré, de quelque manière que ce soit, les appareils des lignes de télégraphie électrique ou les machines des télégraphes aériens.

Art. 314. — *D. La gendarmerie doit-elle surveiller l'exécution des règlements sur la police des fleuves et rivières navigables ou flottables, des bacs et bateaux de passage, des canaux, des ports maritimes et de commerce?*

R. Elle surveille l'exécution des règlements sur la police des fleuves et des rivières navigables ou flottables, des bacs et bateaux de passage, des canaux de navigation ou d'irrigation, des dessèchements généraux ou particuliers, des plantations pour la fixation des dunes des ports maritimes de commerce; elle dresse des procès-verbaux de contravention à ces règlements, et en fait connaître les auteurs aux autorités compétentes.

Art. 315. — *D. Quels devoirs la gendarmerie a-t-elle à remplir à l'égard de ceux surpris coupant ou dégradant les arbres plantés sur les chemins, promenades publiques, fortifications, ou détériorant les monuments qui s'y trouvent, comme aussi à l'égard de ceux commettant des dégradations sur les chemins de fer?*

R. Elle arrête tous ceux qui sont surpris coupant ou dégradant d'une manière quelconque les arbres plantés sur les chemins, promenades publiques, fortifications et ouvrages extérieurs des places, ou détériorant les monuments qui s'y trouvent.

Elle saisit et conduit immédiatement devant l'officier de police de l'arrondissement quiconque est surpris détruisant ou déplaçant les rails d'un chemin de fer, ou déposant sur la voie des matériaux ou autres objets, dans le but d'entraver la circulation, ainsi que ceux qui, par la rupture des fils, par la dégradation des appareils,

ou par tout autre moyen, tentent d'intercepter les communications
ou la correspondance télégraphique.

NOTA. Voir, au sujet des crimes, délits et contraventions commis sur les chemins de fer, la circulaire du 1er octobre 1859.

Art. 316. — D. *Quels sont les devoirs de la gendarmerie à l'é-
gard de ceux qui commettent des contraventions de petite voirie?*

R. Elle dresse des procès-verbaux contre ceux qui commettent
des contraventions de petite voirie dans les rues, places, quais et
promenades publiques, hors du passage des grandes routes et de
leur prolongement, sur les chemins vicinaux, ainsi que les canaux
ou ruisseaux flottables appartenant aux communes.

Art. 317. — D. *Que doit faire la gendarmerie à l'égard de ceux
qui sont en contravention aux lois et règlements d'administration
sur la police du roulage?*

R. Elle dresse des procès-verbaux contre les propriétaires de
voitures et les entrepreneurs de messageries publiques qui sont en
contravention aux lois et règlements d'administration sur la police
du roulage.

Art. 318. — D. *La gendarmerie doit-elle contraindre les voituriers, charretiers et tous conducteurs de voitures à se tenir à côté
de leurs chevaux pour les diriger?*

R. Elle contraint les voituriers, charretiers et tous conducteurs
de voitures de se tenir à côté de leurs chevaux pour les diriger; en
cas de résistance, elle arrête ceux qui obstruent les passages, et
les conduit devant le maire ou l'adjoint du lieu. Elle constate les
contraventions par procès-verbal.

Art. 319. — D. *Que doit faire la gendarmerie à l'égard des individus qui ont blessé quelqu'un ou commis quelques dégâts sur les
routes, dans les rues ou voies publiques?*

R. Elle arrête tous individus qui, par imprudence, par négligence, par la rapidité de leurs chevaux, ou de toute autre manière,
ont blessé quelqu'un ou commis quelques dégâts sur les routes,
dans les rues ou voies publiques.

Art. 320. — D. *Que doit faire la gendarmerie contre ceux qui
exercent publiquement et abusivement de mauvais traitements
envers les animaux domestiques?*

R. Elle dresse procès-verbal contre ceux qui exercent publiquement et abusivement de mauvais traitements envers les animaux
domestiques.

Elle transmet ce procès-verbal au maire ou au commissaire de police chargé de la poursuite, et elle doit avoir soin d'indiquer s'il y a récidive, parce que, dans ce cas, la peine de la prison est toujours appliquée.

Art. 321. — D. *Quelle surveillance la gendarmerie doit-elle exercer envers les conducteurs d'animaux féroces?*

R. Elle veille à ce que les conducteurs d'animaux féroces suivent les grands chemins, sans jamais s'en écarter; elle leur défend d'aller dans les bourgs et hameaux, d'entrer dans les bois et de se trouver sur les routes avant le lever et après le coucher du soleil; elle évite que tout danger puisse exister pour la sécurité publique.

En cas de désobéissance, elle les conduit devant le maire de la commune la plus voisine.

Art. 322. — D. *Quelle surveillance la gendarmerie doit-elle exercer pour protéger l'agriculture?*

R. La gendarmerie est chargée de protéger l'agriculture et de saisir tous individus commettant des dégâts dans les champs et les bois, dégradant la clôture des murs, haies ou fossés, lors même que ces délits ne seraient pas accompagnés de vols; de saisir pareillement tous ceux qui sont surpris commettant des larcins de fruits ou d'autres productions d'un terrain cultivé.

Art. 323. — D. *Que doit faire la gendarmerie à l'égard des objets dont peuvent abuser les malfaiteurs et qui ont été laissés dans les rues, chemins, places, lieux publics ou dans les champs?*

R. Elle fait enlever, pour les remettre à l'autorité locale, les coutres de charrue, pinces, barres, barreaux, instruments aratoires, échelles ou autres objets dont peuvent abuser les malfaiteurs et qui ont été laissés dans les rues, chemins, places, lieux publics ou sont dans les champs; elle dénonce ceux à qui ils appartiennent, afin qu'ils soient poursuivis par les autorités compétentes.

Art. 324. — D. *N'est-il pas expressément ordonné à la gendarmerie, dans ses tournées, courses ou patrouilles, de porter la plus grande attention sur ce qui peut être nuisible à la salubrité, et quels sont ses devoirs à ce sujet?*

R. Il est expressément ordonné à la gendarmerie, dans ses tournées, courses ou patrouilles, de porter la plus grande attention sur ce qui peut être nuisible à la salubrité, afin de prévenir, autant que possible, les ravages de maladies contagieuses; elle est tenue, à cet effet, de surveiller l'exécution des mesures de police prescrites par les règlements et de dresser procès-verbal des contraventions pour que les poursuites soient exercées par qui de droit contre les délinquants.

Art. 325. — D. *Que doit faire la gendarmerie lorsqu'elle trouve des animaux morts sur les chemins ou dans les champs?*

R. Lorsqu'elle trouve des animaux morts sur les chemins ou dans les champs, elle en prévient les autorités locales et les requiert de les faire enfouir; elle se porte, au besoin, de nouveau sur les lieux pour s'assurer que les ordres donnés à cet égard par les autorités ont été exécutés; en cas de refus ou de négligence, les chefs de la gendarmerie, sur le rapport du commandant de brigade, en informent les préfets ou sous-préfets, afin qu'il soit pris des mesures à cet égard.

Art. 326. — D. *Que doit faire la gendarmerie dans les cantons où des épizooties se sont manifestées?*

R. Les mêmes précautions (celles prescrites par l'art. 325 du présent décret) sont prises par la gendarmerie dans les cantons où des épizooties se sont manifestées; elle veille de plus à ce que les animaux atteints et morts de cette maladie, ainsi que les chevaux morveux qui ont été abattus, soient enfouis avec leur cuir, pour prévenir et arrêter les effets des maladies contagieuses.

Art. 327. — D. *Que doit faire la gendarmerie à l'égard de ceux qui négligent d'écheniller ou sont en contravention aux règlements de police rurale?*

R. Elle dénonce à l'autorité locale tous ceux qui, dans les temps prescrits, ont négligé d'écheniller, ainsi que ceux qui sont en contravention aux règlements de police rurale donnés par les préfets, sous-préfets et maires des communes dont ils ont la surveillance.

Art. 328. — D. *Quels sont les devoirs de la gendarmerie à l'égard des individus trouvés en contravention aux lois et règlements sur la chasse?*

R. La gendarmerie dresse procès-verbal contre tous individus trouvés en contravention aux lois et règlements sur la chasse; elle saisit les filets, engins et autres instruments de chasse prohibés par la loi, ainsi que les armes abandonnées par les délinquants, et réprime la mise en vente, la vente, l'achat, le transport et le colportage du gibier pendant le temps où la chasse est interdite.

Art. 329. — D. *La gendarmerie a-t-elle le droit de désarmer un chasseur, et dans quelles circonstances peut-elle opérer son arrestation?*

R. Il lui est expressément défendu de désarmer un chasseur; elle doit seulement lui déclarer saisie de son arme, dont elle précise le signalement, en l'en constituant dépositaire pour la représenter en justice; mais elle doit arrêter ceux qui font résistance, lui adressent des menaces, qui refusent de se faire connaître lorsque l'exhibition de leurs papiers leur est demandée, ceux qui donnent de faux noms, et enfin tous ceux qui sont masqués ou qui chassent pendant la nuit.

Art. 330. — D. *La gendarmerie doit-elle seconder les agents des eaux et forêts dans la poursuite et répression des délits forestiers et de pêche?*

R. Elle seconde les agents des eaux et forêts dans la poursuite et la répression des délits forestiers et de pêche.

Art. 331. — D. *La gendarmerie doit-elle se tenir à portée des grands rassemblements d'hommes pour y maintenir le bon ordre et la tranquillité, et quels sont ses devoirs à ce sujet?*

R. La gendarmerie doit toujours se tenir à portée des grands rassemblements d'hommes, tels que foires, marchés, fêtes et cérémonies publiques, pour y maintenir le bon ordre et la tranquillité; et, sur le soir, faire des patrouilles sur les routes et chemins qui y aboutissent, pour protéger le retour des particuliers et marchands.

Elle constate les infractions à la loi du 7 décembre 1874 commises par les saltimbanques en employant des enfants de moins de seize ans.

Art. 332. — D. *Que doit faire la gendarmerie à l'égard de ceux qui tiennent, dans les lieux publics, des jeux de hasard et autres jeux défendus par les lois et règlements de police?*

R. Elle saisit ceux qui tiennent dans ces rassemblements des jeux de hasard et autres jeux défendus par les lois et règlements de police.

Art. 333. — D. *Que doit faire la gendarmerie à l'égard des mendiants, vagabonds et gens sans aveu parcourant les communes et les campagnes?*

R. Elle surveille les mendiants, vagabonds et gens sans aveu parcourant les communes et les campagnes.

Elle arrête ceux qui ne sont pas connus de l'autorité locale et qui ne sont porteurs d'aucun papier constatant leur identité, mais surtout les mendiants valides, qui peuvent être saisis et conduits devant l'officier de police judiciaire, pour être statué, à leur égard, conformément aux lois sur la répression de la mendicité :

1° Lorsqu'ils mendient avec violences ou menaces;

2° Lorsqu'ils mendient avec armes;

3° Lorsqu'ils mendient nuitamment ou s'introduisent dans les maisons;

4° Lorsqu'ils mendient plusieurs ensemble ;

5° Lorsqu'ils mendient avec de faux certificats ou faux passe-ports ou infirmités supposées, ou déguisement ;

6° Lorsqu'ils mendient après avoir été repris de justice ;

7° Et enfin lorsque d'habitude ils mendient hors du canton de leur domicile.

Art. 334. — D. *Lorsque les brigades ont fait le service à une assemblée publique, à quel moment doivent-elles opérer leur retour à la résidence et comment doit s'opérer ce retour ?*

R. Les brigades ne rentrent à leur résidence que lorsque leur présence n'est plus jugée nécessaire, et elles se retirent assez lentement pour observer ce qui se passe et empêcher les rixes qui ont lieu fréquemment à la suite de ces assemblées.

Art. 335. — D. *En quelles circonstances les sous-officiers, brigadiers et gendarmes doivent-ils faire des patrouilles et des embuscades de nuit ?*

R. En tout temps, les sous-officiers, brigadiers et gendarmes doivent faire des patrouilles et des embuscades de nuit pour protéger le commerce intérieur, en procurant la plus parfaite sécurité aux négociants, marchands, artisans et à tous les individus que leur commerce, leur industrie et leurs affaires obligent à voyager.

POLICE MILITAIRE.

Art. 336. — D. *Quels sont les devoirs de la gendarmerie pour la recherche des déserteurs et insoumis, et quelle surveillance doit-elle exercer à l'égard des militaires en congé ou en permission ou rencontrés isolément ?*

R. Il est spécialement prescrit à toutes les brigades de gendarmerie de rechercher avec soin et d'arrêter, partout où ils sont rencontrés, les déserteurs et insoumis signalés, ainsi que les militaires qui sont en retard de rejoindre à l'expiration de leurs congés ou permissions.

Elle arrête également les militaires de l'armée de terre et de mer qui ne sont pas porteurs de feuilles de route, de congés en bonne forme ou d'une permission d'absence signée par l'autorité compétente.

Art. 337. — D. *Quels sont les individus qualifiés insoumis ?*

R. Sont qualifiés insoumis, le jeune soldat, le remplaçant ou le substituant et l'engagé volontaire auxquels un ordre de route a été notifié et qui, sans en avoir reçu l'autorisation, ne se présentent pas, au jour fixé par cet ordre, au chef-lieu du département, pour y être passés en revue, ou qui, s'étant rendus à l'appel, ont abandonné en route le détachement dont ils font partie.

Art. 338. — *D. Que doit faire la gendarmerie contre tout individu qui a recélé sciemment un déserteur ou insoumis, ou favorisé son évasion ou retardé son départ?*

R. La gendarmerie rédige procès-verbal contre tout individu qui a recélé sciemment la personne d'un déserteur ou insoumis, qui a favorisé son évasion ou qui, par des manœuvres coupables, a empêché ou retardé son départ; ce procès-verbal est adressé à l'autorité judiciaire.

Art. 339. — *D. Que doit faire le commandant de brigade de l'individu réputé déserteur qu'il a arrêté ou qui lui a été remis?*

R. Le commandant de la brigade qui a arrêté ou à qui on a remis un individu réputé déserteur le met en route pour être conduit, de brigade en brigade, au chef-lieu du département, devant le commandant de la gendarmerie.

Art. 340. — *D. Quelle destination doit être donnée aux déserteurs dont le corps est parfaitement connu?*

R. Les déserteurs dont le corps est parfaitement connu, et qui sont arrêtés dans un lieu situé plus près de leur corps que du chef-lieu du département, sont conduits directement à leur corps; le commandant de la brigade qui en fait la remise en retire un récépissé au bas d'une expédition de son procès-verbal.

L'ordre de conduite ne doit être délivré que lorsqu'il y a certitude que l'individu appartient réellement au corps dont il s'est déclaré déserteur; en conséquence, il est maintenu en prison si le corps se trouve stationné à plus de six journées de marche du lieu d'arrestation, jusqu'à ce qu'on ait reçu du corps, auquel le fait est immédiatement signalé, des renseignements qui confirment l'exactitude de la déclaration.

Art. 341. — *D. Quels sont les devoirs du commandant de brigade à l'égard des déserteurs arrêtés par des personnes étrangères à la gendarmerie?*

R. Si le prévenu n'a pas été arrêté par la gendarmerie, le commandant de la brigade devant lequel il a été amené rédige, sur la déclaration et en présence du capteur, ainsi qu'en présence du détenu, le procès-verbal d'arrestation; si le capteur est dans l'intention de réclamer du préfet la gratification qui est accordée par la loi, il fait viser le procès-verbal par le commandant de la gendarmerie du département.

Art. 342. — D. *Indiquez comment les signalements des déserteurs et insoumis parviennent à la gendarmerie?*

R. Les signalements des militaires déclarés déserteurs sont envoyés au chef de la légion de gendarmerie dans l'arrondissement de laquelle se trouve le département où ils sont nés et où ils ont eu leur dernier domicile ; ils sont transmis au commandant de la compagnie, qui les conserve dans ses archives et qui en adresse des copies dans toutes les brigades par l'intermédiaire des commandants d'arrondissement.

Les signalements des insoumis sont adressés aux commandants de la compagnie de gendarmerie du département auquel ils appartiennent, par les soins du commandant du dépôt de recrutement.

Art. 343. — D. *Y a-t-il prescription pour le délit de désertion et d'insoumission, et jusqu'à quel moment les recherches doivent-elles être continuées?*

R. Les signalements des insoumis et des déserteurs doivent toujours être conservés avec le plus grand soin, et les poursuites continuées jusqu'à ce que l'arrestation soit opérée ou jusqu'à l'arrivée du signalement n° 2, qui indique l'arrestation ou la présentation volontaire.

Art. 344. — D. *Quelle destination doit-il être donnée aux insoumis arrêtés, et quelle mesure peut-il être prise à l'égard de ceux qui se présentent volontairement ; enfin quelle est la surveillance à exercer par les brigades envers ceux de ces derniers dirigés librement sur le chef-lieu de la division?*

R. Les insoumis qui sont arrêtés sont conduits, sous l'escorte de la gendarmerie, à la prison militaire du lieu où siège un des conseils de guerre de la région dans laquelle l'arrestation a été opérée, et mis à la disposition du général commandant le corps d'armée.

Ceux qui se présentent volontairement peuvent être dirigés librement, avec une feuille de route, sur le chef-lieu de la région dans laquelle ils se trouvent, après qu'il a été dressé procès-verbal de cet acte de soumission, et que le général commandant le corps d'armée auquel il a été transmis a donné son approbation.

Les sous-préfets, sous-intendants militaires, commandants ou capitaines de recrutement, les officiers de gendarmerie de tous grades peuvent être délégués par le général de division ou de brigade pour recevoir les déclarations de soumission et faire délivrer des feuilles de route pour le chef-lieu de la région.

La gendarmerie doit exercer une surveillance active sur les jeunes soldats qui sont ainsi dirigés, afin de les forcer de suivre l'itinéraire prescrit.

Art. 345. — *D. Que doit faire la gendarmerie pour la recherche des insoumis?*

R. Les brigades vérifient, avec le plus grand soin, les passe-ports des voyageurs qui, par leur âge, paraissent appartenir aux classes appelées.

Elles se concertent avec les maires, qui sont obligés de leur communiquer tous les renseignements et indices qu'ils ont recueillis sur le lieu présumé de la retraite des insoumis.

Art. 347. — *D. De qui sont justiciables les gendarmes qui commettent contre un déserteur ou insoumis des violences criminelles?*

R. Les gendarmes qui commettent, contre un déserteur ou insoumis, des violences criminelles sont justiciables des conseils de guerre, pour le fait de ces violences.

Art. 348 et 349. — *D. Quels sont les devoirs de la gendarmerie à l'égard des sous-officiers et soldats en congés ou permissions pour les faire rejoindre en temps utile?*

R. La gendarmerie est chargée de faire rejoindre les sous-officiers et soldats absents de leurs corps, à l'expiration de leurs congés ou permissions. A cet effet, les militaires porteurs de ces congés sont tenus de les faire viser par le sous-officier ou brigadier de gendarmerie qui a la surveillance de leur commune. Le commandant de brigade en fait inscription sur le registre à ce destiné et rend compte au commandant de l'arrondissement, en indiquant l'époque à laquelle ces congés doivent expirer.

Avant l'expiration de leurs congés, il fait prévenir ces militaires qu'ils doivent rejoindre, et s'assure qu'ils se mettent en route de manière à arriver à leur corps dans le délai prescrit par leur feuille de route.

Art. 350. — *D. Quels sont les devoirs des sous-officiers et brigadiers à l'égard des militaires en congé, autres que ceux de la gendarmerie, qui, par suite de maladie, ont besoin d'une prolongation à titre de convalescence?*

R. Les officiers, sous-officiers et brigadiers de gendarmerie, dans les communes où il n'existe aucun hôpital civil ou militaire, se rendent, sur l'ordre du général commandant la subdivision, au domicile des militaires en congé, autres que ceux de la gendarmerie, qui, par suite de maladie, ont besoin d'une prolongation à titre de convalescence, afin de constater qu'ils ne sont pas transportables à l'hôpital le plus voisin.

Il est du devoir de la gendarmerie de faire connaître aux intéressés que c'est au général commandant la subdivision qu'ils doivent s'adresser tout d'abord, en joignant à leur demande un certificat de médecin et une attestation du maire de la commune établissant l'impossibilité de leur déplacement.

Les officiers de gendarmerie ne sont déplacés que lorsqu'il s'agit de constater la position des officiers et celle des hommes qui, pour cause de maladie, ne peuvent pas se présenter devant le conseil de révision. (*Instr. minist. du 28 avril 1873, art. 65.*)

Art. 352. — *D. Quels devoirs la gendarmerie a-t-elle à remplir à l'égard des troupes en marche?*

R. La gendarmerie doit se porter en arrière et sur les flancs de tout corps de troupe en marche ; elle arrête les traînards ainsi que ceux qui s'écartent de leur route et les remet au commandant du corps, ainsi que ceux qui commettent des désordres, soit dans les marches, soit dans les lieux de gîte ou de séjour.

L'officier qui précède une troupe à cheval peut se faire assister, pour la reconnaissance des fourrages, par un sous-officier ou brigadier de gendarmerie.

Art. 353. — *D. Quels sont les devoirs de la gendarmerie à l'égard des officiers, sous-officiers et soldats voyageant en troupe ou isolément avec les moyens de transport, soit pour eux, soit pour les bagages?*

R. Elle veille à ce que les officiers, sous-officiers et soldats voyageant en troupe ou isolément ne surchargent pas les voitures qui leur sont données pour leur transport et celui des bagages, qu'ils n'excèdent ni ne surmènent les chevaux, qu'ils ne maltraitent pas les conducteurs, qu'ils ne menacent ni n'injurient les fonctionnaires publics, non plus que les préposés au service, qu'ils ne s'emparent, pour les ajouter aux voitures ou pour tout autre usage, d'aucun cheval travaillant dans la campagne ou passant sur la route.

Elle doit prévenir ces désordres et en signaler les auteurs aux commandants des corps ou détachements, qui sont chargés, sous leur responsabilité, de réprimer tous les excès et abus qui ont été commis. Procès-verbal de ces faits doit être adressé immédiatement, par la voie hiérarchique, au commandant de la compagnie.

Art. 354. — *D. Les officiers ou commandants de brigade peuvent-ils recevoir des chefs de corps ou de détachement des militaires pour être conduits sous l'escorte de la gendarmerie?*

R. Le commandant d'une troupe en marche peut, dans des cas graves, et sous sa responsabilité, adresser directement, à la gendarmerie la réquisition écrite et motivée de recevoir un prévenu appartenant à cette troupe.

La gendarmerie ne peut refuser d'obéir à cette réquisition.

(Circulaire du 8 février 1860, dans laquelle sont indiqués quelques exemples des cas graves dont il est question.)

Art. 355. — D. *Quelle est la surveillance à exercer par la gendarmerie à l'égard des militaires marchant sans escorte et auxquels il est accordé des transports?*

R. Les sous-officiers, brigadiers et gendarmes se font présenter les feuilles de route des militaires marchant sans escorte; à l'égard de ceux auxquels il est accordé des transports, ils s'assurent, par l'examen des feuilles de route et des mandats de fournitures dont les conducteurs de convoi doivent être porteurs, s'il n'a pas été donné ou reçu de l'argent en remplacement de ces fournitures.

Tout militaire auquel il a été accordé un transport en est privé s'il est rencontré faisant sa route à pied, sans être précédé ou suivi de près de la voiture ou du cheval destiné à son transport; à cet effet, le commandant de brigade lui retire les mandats dont il se trouve porteur, et annote sur la feuille de route qu'il doit être privé du convoi.

Ces mandats sont transmis aussitôt au commandant de la compagnie et adressés par lui au sous-intendant militaire qui les a délivrés.

Dans le cas où un militaire ayant droit au transport ne serait porteur d'aucun coupon, il est à présumer qu'il en a fait la vente au préposé des convois; cette circonstance est mentionnée sur la feuille de route, et il en est rédigé un procès-verbal, qui est transmis par le commandant de la compagnie au sous-intendant militaire.

Art. 356. — D. *Quelle est la surveillance à exercer par la gendarmerie à l'égard des militaires appartenant à la réserve de l'armée de terre et de mer, et indiquez quels sont les individus qui sont compris dans la réserve?*

R. La gendarmerie est appelée à concourir à la surveillance des militaires appartenant à la réserve de l'armée de terre et de mer.

Lorsqu'un militaire faisant partie de la réserve a été condamné à une peine de discipline, les mesures d'exécution sont assurées, s'il y a lieu, par les soins de la gendarmerie.

. . . .

Tout Français qui n'est pas déclaré impropre à tout service militaire fait partie :

De l'armée active pendant cinq ans ;

De la réserve de l'armée active pendant quatre ans ;

De l'armée territoriale pendant cinq ans ;

De la réserve de l'armée territoriale pendant six ans.

1° L'armée active est composée, indépendamment des hommes qui ne se recrutent pas par les appels, de tous les jeunes gens déclarés propres à un des services de l'armée et compris dans les cinq dernières classes appelées ;

2° La réserve de l'armée active, de tous les hommes également déclarés propres à un des services de l'armée et compris dans les quatre classes appelées immédiatement avant celles qui forment l'armée active ;

3° L'armée territoriale est composée de tous les hommes qui ont accompli le temps de service pour l'armée active et la réserve ;

4° La réserve de l'armée territoriale est composée des hommes qui ont accompli le temps de service pour cette armée. (*Art.* 36 *de la loi du* 27 *juill.* 1872.)

La durée du service compte du 1er juillet de l'année du tirage au sort. (*Art.* 38 idem.)

Art. 358. — D. *Lorsque l'arrivée d'un militaire appartenant à la réserve, compris dans l'état signalétique envoyé par le commandant de recrutement, n'a pu être constatée, que doit faire le commandant de brigade ?*

R. Lorsque l'arrivée d'un militaire compris dans l'état signalétique n'a pu être constatée, le commandant de la brigade en tient note, et il a soin de prévenir directement l'officier de recrutement de l'époque à laquelle chaque militaire en retard a paru dans le lieu de sa résidence.

Art. 359. — D. *Quel rapport les chefs de brigade ont-ils à adresser au commandant de recrutement ?*

R. Les mutations survenues parmi les hommes envoyés dans la disponibilité et dans la réserve de l'armée active sont portées à la connaissance des commandants des dépôts de recrutement par les chefs des brigades de gendarmerie.

Ces derniers reçoivent à cet effet, des commandants des dépôts de recrutement, l'état nominatif des jeunes gens de la réserve et de la disponibilité appartenant à la circonscription de leur brigade.

En cas de décès ou de condamnation, ils joignent à l'avis de mutation un extrait de l'acte de décès ou du jugement. (*Instr. du* 24 *juill.* 1873.)

Changement de résidence.

Art. 360, 361, 362, 363, 364 et 365.

Ces articles sont remplacés par les dispositions suivantes, extraites de la circulaire ministérielle du 24 juillet 1873 établie en exécution de la loi du 27 juillet 1872.

D. Quelles sont les formalités à remplir par les hommes inscrits au registre matricule qui veulent changer de domicile?

R. Aux termes des art. 34 et 35 de la loi du 27 juillet 1872, 1 et 2 de celle du 18 novembre 1875, tout homme inscrit au registre matricule, qui veut changer de domicile, est tenu d'en faire la déclaration à la mairie de la commune qu'il quitte.

Il doit, en outre, faire la même déclaration à la mairie du lieu où il vient s'établir, ou, s'il est allé se fixer à l'étranger, à l'agence consulaire de France.

Indépendamment de ces formalités, auxquelles ils sont assujettis, sous les peines prévues par l'art. 59 de la loi, tous les hommes inscrits au registre matricule doivent, s'ils changent de domicile ou de résidence, soumettre leur titre au visa du commandant de la brigade de gendarmerie de la localité qu'ils quittent, et, lorsqu'ils ne sortent pas du territoire français, à celui du commandant de la brigade du lieu où ils viennent s'établir.

Chacun des commandants de brigade de gendarmerie ainsi avisés porte immédiatement la mutation à la connaissance du commandant du dépôt de recrutement de sa subdivision.

Le chef de brigade du lieu d'arrivée retire le livret à l'homme et l'adresse au commandant de recrutement. On opère de la même façon, même lorsque le changement de domicile a lieu dans l'intérieur de la subdivision.

La même prescription est applicable aux jeunes gens dispensés par les conseils de révision, en vertu des art. 17 et 22 de la loi du 27 juillet 1872. En conséquence, ceux de ces jeunes gens qui voudront changer de domicile ou de résidence devront se munir d'un certificat délivré par le préfet de leur département constatant leur position sous le rapport du recrutement, et ils soumettront cette pièce au visa de la gendarmerie.

Les militaires de la disponibilité ou de la réserve et les jeunes soldats dispensés en vertu des art. 17 et 22 de la loi, qui ne se conformeraient pas à ces prescriptions, seraient passibles de peines disciplinaires.

Les changements de résidence et de domicile pour les départements de la Seine et de Seine-et-Oise sont soumis aux obligations prévues par les art. 34 et 35 de la loi du 27 juillet 1872 et 1 et 2 de celle du 18 novembre 1875, et sans autorisation spéciale. (*Instr. du 28 déc. 1879.*)

D. Les dispositions des art. 34 et 35 de la loi, relatives aux changements de domicile, sont-elles applicables aux hommes de l'armée de mer, et les hommes provenant du recrutement ou de l'engagement volontaire sont-ils soumis aux mêmes règles que ceux de l'armée de terre?

R. Les dispositions des art. 34 et 35 de la loi, relatives aux changements de domicile, ne sont pas applicables aux militaires de l'armée de mer.

Les hommes de l'armée de mer provenant du recrutement ou de l'engagement volontaire sont soumis aux mêmes règles que ceux de l'armée de terre, en ce qui concerne les changements de domicile ou de résidence en France; mais ils ne peuvent se rendre en pays étranger qu'avec l'autorisation du ministre de la marine et des colonies.

DES CORRESPONDANCES ET DES TRANSFÈREMENTS DE PRISONNIERS.

Transfèrement des prisonniers civils.

Art. 366. — *D. L'une des fonctions habituelles et ordinaires des brigades de gendarmerie n'est-elle pas de correspondre entre elles; indiquez comment et sur quels points doivent avoir lieu ces correspondances?*

R. L'une des fonctions habituelles et ordinaires des brigades de gendarmerie est de correspondre entre elles, à des jours et sur des points déterminés par les chefs de l'arme (1).

Les points de correspondance sont toujours assignés, autant que possible, à égale distance des brigades qui doivent s'y rendre, et dans des lieux où les sous-officiers, brigadiers et gendarmes chargés de ce service peuvent trouver un abri momentané pour eux-mêmes et pour les individus confiés à leur garde, pendant le temps nécessaire à la remise des personnes et des objets.

Art. 367. — *D. Quel est l'objet des correspondances établies entre les brigades?*

R. Ces correspondances ont essentiellement pour objet le trans-

---

(1) Les correspondances périodiques sont provisoirement suspendues. (*Circ. du 19 déc. 1881.*)

fèrement des prisonniers de brigade en brigade et la remise des pièces qui les concernent.

Elles ont également pour objet, de la part des sous-officiers et gendarmes qui s'y rendent, de se communiquer réciproquement les renseignements et avis qu'ils ont pu recevoir, dans l'intervalle d'une correspondance à l'autre, sur tout ce qui intéresse la tranquillité publique; de concerter leurs opérations relativement à la recherche des malveillants de toute espèce dont ils auront connaissance; de se remettre réciproquement les signalements des individus prévenus de crimes et délits, évadés de prison ou des bagnes; et enfin de s'éclairer mutuellement sur les moyens à prendre pour concourir à la répression de tout ce qui peut troubler l'ordre social.

Art. 368. — D. *Par qui les ordres de conduite sont-ils donnés; par qui et comment sont-ils exécutés; enfin quelles sont les mesures à prendre lorsque les prisonniers sont de différents sexes?*

R. Toutes les fois qu'il s'agit de transférer des prévenus ou condamnés de brigade en brigade, par tous moyens de transport ordinaire ou extraordinaire, les officiers de gendarmerie ont seuls le droit de donner les ordres de conduite. Dans les chefs-lieux de département, ce droit est dévolu aux commandants de compagnie; mais c'est à l'officier commandant l'arrondissement qu'il appartient de désigner et d'inscrire, en marge de ces ordres, le nombre des gendarmes et le nom du sous-officier, brigadier ou gendarme qui a le commandement de l'escorte et qui est chargé de la conduite jusqu'à la station ordinaire de la brigade. Si les prisonniers sont de différents sexes, ils doivent être transférés séparément.

Art. 369. — D. *Quelles sont les pièces qui doivent accompagner l'ordre de conduite; où doivent-elles être indiquées sur ledit ordre; le signalement des prisonniers doit-il y figurer; enfin comment la remise au commandant de l'escorte de l'ordre de conduite et des pièces qui l'accompagnent doit-elle être constatée?*

R. Si les prévenus ou condamnés sont transférés en exécution d'un ordre de l'autorité militaire, ou en vertu d'un mandat de justice, ou par l'effet d'une réquisition émanée de l'autorité administrative, une copie certifiée de l'ordre, du mandat ou de la réquisition doit toujours être jointe à l'ordre de transfèrement, en marge duquel est inscrit le bordereau des pièces qui doivent suivre les prévenus ou les condamnés; ces pièces sont cachetées et remises au commandant de l'escorte, qui en donne son reçu sur le carnet de correspondance, dans les termes suivants :

Reçu l'ordre et les pièces y mentionnées.

Les signalements des prisonniers sont inscrits à la suite de l'ordre de transfèrement.

Art. 370. — D. *Les ordres de conduite ou feuilles de route des prévenus et condamnés doivent-ils être individuels ?*

R. Les ordres de conduite ou feuilles de route des prévenus et condamnés doivent toujours être individuels, quel qu'en soit le nombre, afin que, dans le cas où l'un d'eux vient à tomber malade en route, il puisse être déposé dans un hôpital, sans retarder la marche des autres.

Art. 371. — D. *Où doivent être déposés, dans chaque lieu de gîte, les prévenus et condamnés voyageant sous l'escorte de la gendarmerie, et quelles sont les formalités à remplir lors de leur remise aux concierges, gardiens ou geôliers ?*

R. Dans chaque lieu de gîte, les prévenus ou condamnés sont déposés dans la maison d'arrêt.

En remettant ces prévenus ou condamnés au concierge, gardien ou geôlier, le commandant de l'escorte doit faire transcrire en sa présence, sur les registres de la geôle, les ordres dont il est porteur, ainsi que l'acte de remise des prisonniers au concierge de la maison d'arrêt ou de détention, en indiquant le lieu où ils doivent être conduits.

Le tout doit être signé, tant par les gendarmes que par le geôlier ; celui-ci en délivre une copie au commandant de l'escorte pour sa décharge.

V. art. 107 et 608 du Code d'instruction criminelle.

Art. 372. — D. *Dans le cas où il n'y a pas de maisons d'arrêt ou de détention dans la résidence, que doit-il être fait ?*

R. Dans le cas où il n'y a pas de maison d'arrêt ou de détention dans le lieu de résidence d'une brigade, les prévenus ou condamnés sont déposés dans la chambre de sûreté de la caserne de gendarmerie ; ils y sont gardés par la gendarmerie de la résidence jusqu'au départ du lendemain ou du jour fixé pour la correspondance ; mais, si les prisonniers sont de différents sexes, les femmes sont remises à la garde de l'autorité locale, qui pourvoit à leur logement.

En cas de refus du maire de pourvoir à la subsistance (1) des prisonniers déposés dans la chambre de sûreté, la gendarmerie,

______

(1) Une circulaire du 7 juillet 1870 prescrit à l'entrepreneur des prisons départementales de pourvoir à la nourriture de ces détenus. Cette circulaire règle les attributions de la gendarmerie et des préposés de l'administration des prisons. (V. art. 400.)

après l'avoir constaté par procès-verbal, est tenue de leur fournir les aliments déterminés par les règlements en vigueur, sauf remboursement par l'autorité administrative.

Art. 373. — D. *Dans quelles circonstances les conduites extraordinaires peuvent-elles avoir lieu ?*

R. Les conduites extraordinaires ne doivent avoir lieu qu'en vertu d'ordres ministériels, réquisitions des magistrats des Cours d'appel et sur les demandes particulières faites par les pères, mères, tuteurs ou conseils de famille ; hors les cas ci-dessus, les conduites sont toujours faites de brigade en brigade.

Art. 374. — D. *Que doit-il être fait lorsque la translation par voie extraordinaire est ordonnée d'office ou demandée par le prévenu ou accusé ?*

R. Lorsque la translation par voie extraordinaire est ordonnée d'office ou demandée par le prévenu ou accusé, à cause de l'impossibilité où il se trouve de faire ou de continuer le voyage à pied, cette impossibilité est constatée par certificat de médecin ou de chirurgien (1).

Art. 375. — D. *Les prévenus ou accusés qui peuvent faire les frais de leur transport et du retour de l'escorte sont-ils conduits directement à leur destination ?*

R. Les prévenus ou accusés qui peuvent faire les frais de leur transport et du retour de l'escorte sont conduits directement à leur destination, en se soumettant aux mesures de précaution que prescrit le magistrat qui a autorisé la translation.

Art. 376. — D. *A quelles indemnités les conduites qui ont lieu jusqu'à destination en vertu d'un ordre ministériel donnent-elles droit ?*

R. Les conduites qui ont lieu jusqu'à destination, en vertu d'un ordre ministériel, donnent droit, si les gendarmes sortent de leur département, à une indemnité fixée par les règlements d'administration.

Art. 377. — D. *Quels sont les devoirs du commandant de l'escorte qui a effectué le dépôt des prisonniers confiés à sa garde, et ceux du commandant de la brigade qui doit le relever ?*

R. Le commandant de l'escorte qui a effectué le dépôt des pri-

---

(1) A défaut de médecin ou d'autorités locales, les chefs de brigade peuvent délivrer des bons de convois, s'il est reconnu que le détenu est dans l'impossibilité de marcher. (Art. 10 du cahier des charges du 17 avril 1874.)

sonniers confiés à sa garde remet l'ordre de transfèrement et les pièces au commandant de la brigade qui doit le relever ; celui-ci est tenu d'inscrire, sur le registre à ce destiné, les noms des prisonniers, le nombre des pièces qui lui ont été remises et le lieu où ils doivent être conduits ; il devient dès lors responsable du transfèrement.

L'inscription ci-dessus prescrite est toujours faite en présence du commandant de l'escorte qui a amené les prisonniers ; il signe sur le registre avec le commandant de la brigade.

Si, à défaut de maison d'arrêt ou de détention, les prévenus ou condamnés ont été déposés dans la chambre de sûreté d'une brigade, le commandant de l'escorte qui a effectué ce dépôt s'en fait donner un reçu sur la feuille de service dont il est porteur, ainsi que sur le carnet de correspondance.

Art. 378. — D. *Que doit faire le commandant de la dernière escorte après la remise des prévenus ou condamnés à leur destination ?*

R. Les mêmes dispositions (celles prescrites par l'art. 377 du présent décret) ont lieu successivement dans toutes les brigades ; la dernière escorte, après la remise des prévenus ou condamnés à leur destination, se fait donner une décharge générale des prisonniers qu'elle a conduits et de toutes les pièces qui lui ont été confiées. À son retour à la résidence, le commandant de la dernière escorte fait mention de cette décharge sur son registre et la joint aux autres pièces qui concernent le service de la brigade, afin de pouvoir la présenter au besoin.

Art. 379. — D. *Comment la remise des prisonniers se fait-elle à chaque point de correspondance ?*

R. Lorsque les transports des prévenus ou condamnés se font par la correspondance des brigades, le commandant de l'escorte qui a été chargé de la conduite jusqu'au point de la réunion, après avoir fait vérifier par le commandant de la nouvelle escorte l'identité des individus confiés à sa garde, et lui avoir remis toutes les pièces mentionnées dans l'ordre de transfèrement, se fait donner un reçu du tout sur la feuille de service et sur le carnet de correspondance.

Si le nombre des prisonniers amenés à la correspondance ou si des circonstances particulières exigent un supplément de force, le commandant qui doit continuer l'escorte peut requérir, parmi les gendarmes présents, le nombre d'hommes nécessaires à la sûreté des prisonniers.

Art. 380. — D. *Les gendarmes chargés d'une conduite doivent-ils rentrer le même jour à leur résidence ?*

R. Les gendarmes chargés d'une conduite, soit qu'elle ait lieu par la correspondance, ou qu'elle soit continuée jusqu'à la station de la première brigade, doivent rentrer le même jour à leur résidence, à moins d'empêchement résultant du service ou de la distance des lieux ; dans aucun cas, ils ne peuvent outrepasser la résidence de cette première brigade sans un ordre positif du commandant de la compagnie.

Art. 381. — D. *Les gendarmes chargés de conduire des prisonniers doivent-ils empêcher qu'ils fassent usage de vin, cidre et autres liqueurs enivrantes, comme aussi des liqueurs spiritueuses, et, au besoin, peuvent-ils leur interdire l'emploi du tabac à fumer ?*

R. Il est expressément recommandé aux gendarmes sous l'escorte desquels marchent les prévenus ou condamnés, civils ou militaires, d'empêcher qu'ils fassent un usage immodéré de vin, cidre et autres boissons enivrantes ; ils doivent surtout leur interdire absolument l'usage des liqueurs spiritueuses. Ils peuvent aussi interdire l'emploi du tabac à fumer, lorsque cette précaution leur paraît nécessaire.

La fermeté et l'exactitude que la gendarmerie met à l'exécution de cet ordre préviennent le retour de circonstances fâcheuses et ôtent aux prévenus l'occasion de nouvelles fautes, qui ne peuvent qu'aggraver leur position (1).

Art. 382. — D. *La gendarmerie peut-elle tolérer que les individus marchant sous son escorte se livrent à la mendicité ?*

R. La mendicité étant un délit prévu par le Code pénal et qui doit être réprimé partout où il se produit, la gendarmerie s'oppose, par tous les moyens en son pouvoir, à ce que les individus civils et militaires confiés à sa garde sollicitent ou reçoivent des secours de la charité publique.

Les chefs d'escorte sont personnellement responsables des infractions qui peuvent être commises.

Art. 383. — D. *Quel itinéraire, en rentrant à la résidence, doivent suivre les sous-officiers, brigadiers et gendarmes employés au service de conduite et de correspondance, qui ne ramènent pas de prisonniers ?*

R. Les sous-officiers, brigadiers et gendarmes employés au service de conduite ou de correspondance, qui ne ramènent pas de

---

(1) L'escorte doit empêcher les militaires de vendre le tabac de cantine qu'ils reçoivent en vertu du décret du 29 juin 1853. (Circ. du 9 janv. 1862.)

prisonniers, ne reviennent pas par la même route ; il leur est enjoint de se porter dans l'intérieur des terres, de visiter les hameaux, de fouiller les bois et les lieux suspects, et de prendre, dans les fermes et maisons isolées, toutes les informations qui peuvent leur être utiles.

Art. 384. — D. *Dans quelle tenue doivent marcher les sous-officiers, brigadiers et gendarmes de l'arme à cheval et de celle à pied pour les conduites de prisonniers ou condamnés ?*

R. Les sous-officiers et gendarmes montés qui sont chargés de conduire des prévenus ou condamnés marchent toujours à cheval, dans une bonne tenue militaire et complétement armés ; les sous-officiers, brigadiers et gendarmes à pied sont pareillement armés et équipés complétement. Dans le cas où les prisonniers doivent être conduits en poste, en vertu d'ordres supérieurs, *l'escorte prend place dans les voitures avec les prisonniers.*

Art. 385. — D. *Quels sont les moyens de transport adoptés pour le transfèrement des prisonniers ?*

R. Les prévenus ou condamnés sont généralement conduits à pied, de brigade en brigade, ou par les voies de fer ; néanmoins ils peuvent, si des circonstances extraordinaires l'exigent, être transférés, soit en voiture, soit à cheval, sur les réquisitions motivées des officiers de justice.

Art. 386. — D. *Quelles sont les précautions à prendre par les sous-officiers, brigadiers et gendarmes, avant d'extraire des prisons les individus dont le transfèrement est ordonné de brigade en brigade ?*

R. Avant d'extraire des prisons les individus dont le transfèrement est ordonné de brigade en brigade, les sous-officiers, brigadiers et gendarmes s'assurent de leur identité et vérifient s'ils n'ont pas sur eux des objets tranchants ou quelque instrument qui puisse servir à favoriser leur évasion. Ces militaires exigent des prisonniers le dépôt de l'argent ou des valeurs qu'ils possèdent. Il en est fait mention sur les feuilles de route, et ces objets sont restitués par la gendarmerie à l'arrivée à destination.

Art. 387. — D. *Quelle est la surveillance à exercer pendant le trajet par les gendarmes chargés de conduire des prisonniers ?*

R. Pendant le trajet, les gendarmes ne doivent pas perdre de vue un seul des mouvements des prisonniers ; ils doivent observer s'ils ne tentent pas de s'évader par ruse ; ils les surveillent de très près, surtout dans les passages qui peuvent favoriser leur évasion, tels que bois, ravins, fossés, rivières, chemins encaissés, montagnes où autres lieux accidentés dont le site rendrait la poursuite difficile, et lorsqu'il y a affluence de monde sur la route qu'ils ont à parcourir.

Art. 388. — D. Que doit-il être fait si un prisonnier tombe malade ou arrive malade dans une résidence de brigade où il n'y a ni prison ni hôpital?

R. Si un prisonnier tombe malade ou arrive malade dans une résidence de brigade où il n'y a ni prison ni hôpital, il reste déposé dans la chambre de sûreté de la caserne; les secours nécessaires lui sont administrés par les soins du maire ou de l'adjoint, mais jusqu'au moment seulement où il peut être transféré sans danger dans la maison de détention ou dans l'hôpital le plus à proximité.

Art. 389. — D. Si un prisonnier meurt entre les mains des gendarmes de l'escorte ou à la chambre de sûreté, que doit-il être fait par la gendarmerie?

R. Si le prisonnier meurt entre les mains des gendarmes de l'escorte, ou à la chambre de sûreté, ils doivent en prévenir immédiatement le maire de la commune dans laquelle ce prisonnier est décédé, et l'inviter à faire procéder à son inhumation, après les délais voulus par la loi; ils signent l'acte de décès, dont ils se font délivrer une copie et la joignent au procès-verbal qu'ils dressent pour constater cet événement; ils y joignent également l'ordre de conduite et les pièces concernant le prisonnier; ils font l'envoi du tout au commandant de l'arrondissement, lequel se conforme à ce qui est prescrit ci-après pour les prisonniers morts dans les hôpitaux civils ou militaires.

Art. 390. — D. Lorsqu'un prévenu ou condamné conduit à pied par la gendarmerie tombe malade en route, que doit-il être fait, et quels sont les devoirs des commandants de brigade à l'égard des prisonniers entrés aux hôpitaux civils?

R. Lorsqu'un prévenu ou condamné, conduit à pied par la gendarmerie, tombe malade en route, le maire ou l'adjoint du lieu le plus voisin, sur la réquisition des sous-officiers, brigadiers et gendarmes chargés de la conduite, est tenu de pourvoir aux moyens de transport jusqu'à la résidence de la brigade, la maison de détention ou l'hôpital le plus à proximité dans la direction de la conduite du prisonnier. Si c'est une maison de détention, le prisonnier y est placé à l'infirmerie et remis à la garde du concierge, qui en donne reçu; si c'est un hôpital civil, il y est soigné dans un lieu sûr, sous la surveillance des autorités locales.

Dans ce cas, les papiers, objets et pièces de conviction, s'il y en a, restent entre les mains du commandant de la gendarmerie du canton, et, après le rétablissement de ce prisonnier, ils sont joints à l'ordre de conduite, avec un certificat constatant l'entrée et la sortie de l'hôpital ou les motifs du séjour prolongé, soit dans la maison de détention, soit dans la chambre de sûreté de la caserne.

Les commandants de brigade doivent veiller à ce que les prisonniers entrés aux hôpitaux civils n'y restent pas au delà du temps nécessaire pour leur rétablissement.

Art. 391. — D. *Si les pièces jointes à l'ordre de transfèrement concernent plusieurs individus dont l'un est resté malade en route, que doit-il être fait?*

R. Si les pièces jointes à l'ordre de transfèrement concernent plusieurs individus dont l'un est resté malade en route, la conduite de ceux qui sont en état de marcher n'est pas interrompue, et les pièces ne sont pas retenues; il est fait mention, sur l'ordre de transfèrement qui suit les autres prisonniers, des causes qui ont fait suspendre la translation de l'un ou de quelques-uns d'entre eux.

Art. 392. — D. *En cas d'évasion d'un prévenu ou condamné déposé à l'infirmerie d'une maison de détention ou soigné dans un hôpital, quels sont les devoirs à remplir par le commandant de la brigade?*

R. En cas d'évasion d'un prévenu ou condamné déposé à l'infirmerie d'une maison de détention ou soigné dans un hôpital, le commandant de la brigade de gendarmerie, au premier avis qu'il en reçoit, le fait rechercher et poursuivre; il se rend au lieu de l'évasion pour connaître s'il y a eu connivence ou seulement défaut de surveillance de la part des gardiens; il rédige le procès-verbal de ses recherches et l'adresse sur-le-champ, avec les autres pièces qui concernent l'évadé, au commandant de l'arrondissement; celui-ci les transmet au commandant de la compagnie, qui en rend compte à l'autorité compétente.

Art. 393. — D. *En cas de mort dans les hôpitaux civils d'un prévenu ou condamné, quels sont les devoirs à remplir par le commandant de la brigade?*

R. En cas de mort dans les hôpitaux civils d'un prévenu ou condamné, le commandant de la brigade se fait délivrer une expédition de l'acte de décès pour être réunie aux autres pièces qui peuvent concerner le décédé, et il fait l'envoi du tout, dans les vingt-quatre heures, au commandant de la gendarmerie de l'arrondissement ; cet officier transmet ces pièces au commandant de la compagnie.

Transfèrement des prisonniers militaires.

Art. 395. — *D. Quelles sont les prescriptions faites à la gendarmerie par le décret du 1er mars 1854 pour l'escorte des prisonniers militaires, en ce qui concerne les feuilles de route?*

R. Il est défendu à la gendarmerie d'escorter des prisonniers militaires marchant isolément ou en détachement, s'ils ne sont pas munis de feuilles de route individuelles portant indication des fournitures qu'ils doivent recevoir en route.

En conséquence, toutes les fois que les commandants de brigade ont à faire de ces sortes d'escortes, le sous-intendant militaire ou, à son défaut, le sous-préfet du lieu de départ doit préalablement délivrer aux militaires des feuilles de route portant les indications ci-dessus.

Art. 396. — *D. Les mesures ordonnées pour le transfèrement des prisonniers civils doivent-elles être observées pour celui des prisonniers militaires?*

R. Les mesures ordonnées pour le transfèrement des prisonniers civils sont les mêmes pour le transfèrement des prisonniers militaires, sauf les modifications ci-après.

Art. 397. — *D. Les militaires escortés doivent-ils être conduits le même jour d'un gîte d'étape à l'autre?*

R. Les militaires escortés doivent être conduits régulièrement le même jour d'un gîte d'étape à l'autre, sans pouvoir être déposés dans les communes intermédiaires.

Art. 398. — *D. Par qui la levée d'écrou d'un militaire détenu en vertu d'un jugement ou d'un ordre militaire doit-elle être ordonnée?*

R. La levée d'écrou d'un militaire détenu en vertu d'un jugement ou d'un ordre militaire ne peut être ordonnée que par l'autorité militaire.

Art. 399. — *D. Dans quel lieu doit être déposé tout militaire ou individu appartenant à l'armée, qui est arrêté par une brigade de gendarmerie dont la résidence n'est pas gîte d'étape, et combien de temps peut-il y rester?*

R. Tout militaire ou individu appartenant à l'armée, qui est arrêté par une brigade de gendarmerie dont la résidence n'est pas gîte d'étape, peut être déposé, le jour de son arrestation, dans la maison d'arrêt de cette résidence.

Tout militaire ainsi déposé dans une commune non gîte d'étape ne peut y rester plus de deux jours, celui de l'arrestation compris.

Art. 400. — D. *Comment doit-il être pourvu à la nourriture des militaires arrêtés qui sont déposés dans la chambre de sûreté de la caserne de gendarmerie ou dans tout autre local, à défaut de prison?*

R. Dans le cas où des militaires arrêtés sont déposés dans la chambre de sûreté de la caserne de gendarmerie ou dans tout autre local, à défaut de prison, les commandant de brigade, sur le refus du maire qui est constaté par procès-verbal, pourvoient à la nourriture de ces prisonniers ; ils sont remboursés, par l'autorité administrative, des avances qu'ils ont faites. (V. *la note à l'art.* 372.)

Art. 401. — D. *La gendarmerie peut-elle attendre les jours de correspondance pour la conduite des militaires envoyés aux compagnies de discipline?*

R. La conduite des militaires envoyés aux compagnies de discipline doit se faire, sans interruption, de brigade en brigade, et sans attendre les jours de correspondance.

Art. 402. — D. *Quel est le mode à employer pour le transfèrement des condamnés militaires ?*

R. Les condamnés militaires font route à pied (1), à moins que, d'après un certificat des officiers de santé, ils ne soient reconnus hors d'état de marcher ; alors il leur est fourni des voitures par les entrepreneurs des convois militaires, sur le pied fixé pour les militaires isolés.

Art. 403. — D. *Quelles sont les mesures à prendre par la gendarmerie si un prévenu ou condamné militaire tombe malade en route?*

R. Si un prévenu ou condamné militaire tombe malade en route, il est déposé et consigné à l'hôpital le plus proche, sous la surveillance spéciale de la gendarmerie et des autorités locales.

Art. 404. — D. *Quelle est la surveillance à exercer par la gen-*

---

(1) Ils doivent voyager, de préférence, par les voies ferrées toutes les fois que cela est possible. (*Circ. des 7 et 29 juin 1861.*)

*darmerie, à défaut de sous-intendant militaire, à l'égard des pri-
sonniers militaires entrés aux hôpitaux?*

R. Lorsque des prisonniers militaires sont entrés aux hôpitaux,
la gendarmerie, à défaut du sous-intendant militaire, est autorisée
à faire des visites dans ces établissements, afin de s'assurer si leur
séjour n'y est pas abusif et prolongé sans motif.

Art. 405. — *D. Par qui doivent être signés les billets d'entrée
aux hôpitaux des militaires isolés reconnus malades par les officiers de santé, ainsi que ceux des militaires, condamnés ou prévenus, conduits par la gendarmerie?*

R. Les billets d'entrée aux hôpitaux des militaires isolés reconnus malades par les officiers de santé qui les ont visités, ainsi que
ceux des militaires, condamnés ou prévenus, conduits par la gendarmerie, sont signés par les commandants de place et, dans les
lieux où il n'y a pas de commandant de place, par le commandant
de la gendarmerie de la localité.

Art. 406. — *D. Que doit-il être fait lorsqu'un militaire transféré s'évade d'un hôpital militaire?*

R. Lorsqu'un militaire transféré s'évade d'un hôpital militaire,
le sous-intendant qui reçoit le rapport en dresse procès-verbal et
en donne immédiatement avis au commandant de la place et à
celui de la gendarmerie.

Dans les lieux où il n'y a pas de résidence de sous-intendant
militaire, il est suppléé par la gendarmerie, qui procède comme il
vient d'être dit.

Art. 407. — *D. Que doit-il être fait en cas d'évasion d'un militaire confié à la garde de la gendarmerie?*

R. En cas d'évasion d'un militaire confié à la garde de la gendarmerie, son signalement, extrait de la feuille de route ou du
jugement, est sur-le-champ envoyé par le chef de l'escorte aux
brigades voisines.

Si l'évasion a lieu pendant la marche, le commandant de l'escorte rédige, en outre, un procès-verbal indiquant exactement les
nom et prénoms du prisonnier évadé, le corps auquel il appartient,
la date du jugement, la peine prononcée, le lieu et les circonstances
de l'évasion.

Le procès-verbal est immédiatement transmis au commandant
de la gendarmerie du département, par la voie hiérarchique.

Art. 408. — *D. Que doit-il être fait en cas d'évasion d'un militaire appartenant à l'armée de mer confié à la garde de la gendarmerie ?*

R. Si le militaire évadé appartient à l'armée de mer, les mêmes formalités (celles prescrites par l'art. 407 du présent décret) sont remplies, et les pièces sont transmises au ministre de la marine.

Art. 409. — *D. Lorsqu'un militaire est décédé dans une maison de détention, ou qu'il s'en est évadé, quels sont les devoirs à remplir par la gendarmerie ?*

R. Lorsqu'un militaire est décédé dans une maison de détention, ou qu'il s'en est évadé, le commandant de la gendarmerie du canton dresse un inventaire exact de l'argent et des effets qu'il a laissés ; il indique avec soin les nom et prénoms de ce militaire, le lieu de sa naissance, son département et le corps dans lequel il servait.

L'inventaire est fait en triple expédition et signé par le concierge de la maison de détention, qui garde par devers lui une des expéditions.

Les effets et l'argent sont transportés sans délai, par la voie de la correspondance des brigades, jusqu'à l'hôpital militaire le plus voisin, et remis, avec la seconde expédition de l'inventaire, au comptable de l'hôpital, qui, après vérification, donne son reçu au bas de la troisième expédition, laquelle reste entre les mains du commandant de la brigade de l'arrondissement où l'hôpital est situé, pour servir à la décharge de ce militaire. Il est fait inscription de l'inventaire sur le registre d'ordre de la brigade.

A défaut d'hôpital militaire dans le département, les objets ci-dessus sont déposés, en suivant les mêmes formalités, dans les mains des administrateurs de l'hôpital civil le plus voisin, pourvu toutefois que cet établissement soit du nombre de ceux qui reçoivent des militaires malades.

Art. 410. — *D. Si le concierge de la maison de détention déclare que le militaire mort ou évadé n'a laissé ni effets ni argent, que doit faire le commandant de la gendarmerie ?*

R. Si le concierge de la maison de détention déclare que le militaire mort ou évadé n'a laissé ni effets ni argent, le commandant de la gendarmerie dresse procès-verbal de cette déclaration, qu'il fait signer au concierge, et il en inscrit le contenu sur le registre d'écrou. Ce procès-verbal est pareillement transmis au commandant de la compagnie.

Art. 411. — *D. Le concierge de la prison ou le comptable de l'hôpital où le condamné est déposé doit-il s'assurer s'il est porteur de tous les effets mentionnés sur la feuille de route, et, par suite, reste-t-il responsable de ces mêmes effets?*

R. Le concierge de la prison ou le comptable de l'hôpital où le condamné est déposé s'assure de même, avant de le recevoir, si le condamné est porteur de tous les effets mentionnés sur la feuille de route; il en est ainsi responsable pendant tout le temps que le condamné séjourne tant à l'hôpital qu'à la prison.

Art. 412. — *D. Que doit-il être fait si le militaire est décédé entre les mains de la gendarmerie, lorsqu'il marche sous escorte?*

R. Si le militaire est décédé entre les mains de la gendarmerie, lorsqu'il marche sous escorte, il y a lieu de remplir les mêmes formalités que dans le cas de décès dans une maison de détention. Mais le procès-verbal n'est dressé qu'en deux expéditions signées par l'autorité locale.

L'inventaire est toujours indépendant du procès-verbal qui doit constater cet événement et qui doit être envoyé au commandant de la compagnie avec toutes les pièces concernant le militaire décédé.

Art. 413. — *D. Quels sont les devoirs de la gendarmerie lorsqu'elle est chargée de faire la conduite des militaires condamnés à la peine des travaux publics, en ce qui concerne les expéditions individuelles et certifiées des jugements et la conservation des effets d'habillement et de petit équipement prescrits par les règlements?*

R. Il est expressément défendu à la gendarmerie de faire la conduite des militaires condamnés à la peine des travaux publics, avant d'avoir reçu une expédition individuelle et certifiée des jugements et de s'être assurée si les condamnés sont pourvus de tous les effets d'habillement et de petit équipement prescrits par les règlements, et dont le détail doit être inscrit sur la feuille de route de chaque homme.

La gendarmerie veille avec la plus grande attention à ce qu'il ne soit détérioré ni détourné aucune partie de ces effets par les condamnés pendant la route, et principalement dans les lieux de gîte. Si elle remarque qu'il leur manque quelques-uns de ces effets à la sortie des prisons, elle en dresse un procès-verbal, que le concierge est tenu de signer. Ce procès-verbal est joint à l'ordre de conduite des militaires condamnés, pour servir à la décharge des gendarmes.

Art. 414. — D. *Qu'advient-il pour la gendarmerie dans le cas où un condamné arrive à l'atelier sans être pourvu de la totalité des effets mentionnés sur la feuille de route, et ces dispositions sont-elles applicables à tout militaire conduit par la gendarmerie ?*

R. Dans le cas où un condamné arrive à l'atelier sans être pourvu de la totalité des effets mentionnés sur la feuille de route, le sous-intendant constate, par un procès-verbal, l'absence de ces effets, et le ministre de la guerre fait exercer une retenue égale à la valeur des objets manquants sur la solde des gendarmes, si ce fait provient de leur faute.

Ces dispositions sont applicables à tout militaire conduit par la gendarmerie à une destination quelconque.

RESPONSABILITÉ DE LA GENDARMERIE DANS LES TRANSFÈREMENTS DE PRISONNIERS.

Art. 415. — D. *Quelles mesures de précaution les sous-officiers et gendarmes doivent-ils prendre pour mettre les prisonniers confiés à leur garde dans l'impossibilité de s'évader, et dans quels cas peuvent-ils faire usage de la force ?*

R. Les sous-officiers et gendarmes doivent prendre toutes les mesures de précaution pour mettre les prisonniers confiés à leur garde dans l'impossibilité de s'évader ; toute rigueur inutile pour s'assurer de leur personne est expressément interdite. La loi défend à tous, et spécialement aux dépositaires de la force armée, de faire aux personnes arrêtées aucun mauvais traitement ni outrage, même d'employer contre elles aucune violence, à moins qu'il n'y ait résistance ou rébellion, auquel cas seulement ils sont autorisés à repousser par la force les voies de fait commises contre eux dans l'exercice de leurs fonctions.

Art. 416. — D. *Quels sont les objets de sûreté dont les sous-officiers, brigadiers et gendarmes doivent faire usage de préférence pour prévenir les évasions, et quels sont ceux dont il leur est interdit de se servir ?*

R. Les gendarmes ayant, en cas d'évasion, une responsabilité qu'il importe essentiellement de ne pas leur ôter, il y a lieu de leur laisser quelque latitude dans l'emploi des moyens qui, selon les circonstances, peuvent être indispensables pour prévenir les évasions ; il leur est recommandé de préférence l'emploi de chaînettes en corde de fil de fer, ou de gourmettes fermant à cadenas, comme réunissant les conditions de solidité, de légèreté et de flexibilité.

Cependant, dans les cas rares, et lorsqu'il s'agit de la conduite d'un grand criminel, ou s'il y a mutinerie ou tentative d'évasion, on peut recourir aux poucettes.

Mais il est interdit de se servir de grosses chaînes ou de menottes à vis, ou colliers de chien, qui sont susceptibles de blesser les prisonniers et d'occasionner des accidents graves; il est également formellement défendu de fixer à l'une des parties du harnachement le bout du lien qui retient un prisonnier.

D. Doit-il être fait mention, sur l'ordre de conduite, des tentatives d'évasion, et la gendarmerie doit-elle veiller à ce que les prisonniers ne s'enivrent pas?

R. Il importe d'indiquer, sur l'ordre de conduite, les tentatives d'évasion qui ont eu lieu pendant la route et de veiller à ce que les prisonniers ne s'enivrent pas.

Art. 417. — *D. Dans le cas où il y a rébellion de la part des prisonniers et tentative violente d'évasion, que doit faire le commandant de l'escorte?*

R. Dans le cas où il y a rébellion de la part des prisonniers et tentative violente d'évasion, le commandant de l'escorte, dont les armes doivent être toujours chargées, leur enjoint, au nom de la loi, de rentrer dans l'ordre, en leur déclarant que, s'ils n'obéissent pas, ils vont y être contraints par la force des armes. Si cette injonction n'est pas écoutée et si la résistance continue, la force des armes est déployée à l'instant même pour contenir les fuyards, rebelles et révoltés.

Art. 418. — *D. Si, par suite de l'emploi des armes envers des prisonniers révoltés, un ou plusieurs d'entre eux sont restés sur place, que doit faire le commandant de l'escorte?*

R. Si, par suite de l'emploi des armes, un ou plusieurs prisonniers transférés sont restés sur place, le commandant de l'escorte fait prévenir immédiatement le juge de paix du canton ou tout autre officier de police judiciaire le plus à proximité, afin qu'il se rende sur les lieux.

Il dresse procès-verbal de cet événement et de toutes les circonstances dont il a été précédé, accompagné ou suivi.

Il fait prévenir également le commandant de la gendarmerie de l'arrondissement, qui doit se transporter immédiatement sur les lieux.

Art. 419. — *D. Si, par suite de l'emploi des armes envers des prisonniers révoltés, un ou plusieurs d'entre eux sont restés sur place, à qui doit être remis le procès-verbal rédigé par la gendarmerie, et quelles sont les mesures à prendre pour l'inhumation et la rédaction de l'acte de décès?*

R. Le procès-verbal, signé de tous les gendarmes faisant partie de l'escorte, est remis à l'officier de police judiciaire; une copie en est envoyée immédiatement aux chefs de l'arme, afin que les diverses autorités compétentes en soient informées.

Le chef de l'escorte doit requérir le maire de la commune, afin qu'il dresse l'acte de décès et pourvoie à l'inhumation, toutefois après en avoir reçu l'autorisation du procureur de la République.

Art. 420. — *D. Si, par suite de l'emploi des armes, un ou plusieurs prisonniers transférés sont restés sur place, la conduite doit-elle être retardée?*

R. La conduite n'est pas retardée, à moins qu'il n'y ait décision contraire de l'autorité civile ou judiciaire, prise à l'occasion de cet événement.

Art. 422. — *D. Dans le cas où des prisonniers en route, sous l'escorte de la gendarmerie, viennent à s'évader, quels sont les devoirs à remplir par le chef d'escorte?*

R. Dans le cas où des prisonniers en route, sous l'escorte de la gendarmerie, viennent à s'évader, ceux qui restent sont toujours conduits à destination avec les pièces qui les concernent. Autant que possible, le chef d'escorte se met aussitôt sur les traces des individus évadés, et requiert les agents de l'autorité et les citoyens de lui prêter aide et assistance pour les rechercher et les arrêter. Il en donne partout le signalement, et ne cesse la poursuite que lorsqu'il a la certitude qu'elle est sans résultat. Il dresse procès-verbal et rend compte au commandant de l'arrondissement, qui prend tous les renseignements nécessaires pour savoir s'il y a eu connivence ou seulement négligence de la part des gendarmes. Cet officier ordonne de son côté les recherches et les poursuites qu'il juge convenables pour atteindre les évadés, transmet le procès-verbal au procureur de la République et informe le commandant de la compagnie. Il est rendu compte sans délai au ministre de la guerre. Le signalement des évadés est envoyé suivant l'ordre prescrit par l'art. 407.

Si tous les prisonniers sont parvenus à s'évader, les pièces sont adressées sur-le-champ, avec le procès-verbal de l'évasion, au commandant de l'arrondissement.

Art. 423. — D. *En cas d'évasion de détenus par suite de négli-*
gence, de quelles peines les gendarmes chargés de la conduite sont-
ils passibles, et quel soin doit-il être apporté dans la rédaction des
procès-verbaux d'évasion?

R. En cas d'évasion de détenus par suite de négligence, les gendarmes chargés de la conduite sont passibles de peines propor-
tionnées à la nature des crimes ou délits dont sont accusés les
prévenus ou des peines auxquelles ils sont condamnés; il est donc
indispensable, dans l'espèce, de rédiger les procès-verbaux avec
exactitude et d'entrer dans tous les détails pour préciser la responsabilité attachée à ces évasions.

Art. 424. — D. *En cas d'évasion, quelles sont les mentions à*
faire sur la feuille de service par le commandant de la brigade
qui a fourni l'escorte?

R. Le commandant de la brigade qui a fourni l'escorte des prisonniers fait mention, sur sa feuille de service, des évasions qui
ont eu lieu et des noms des gendarmes qui étaient chargés de la
conduite.

Art. 425. — D. *Quelles sont les peines infligées à tout sous-*
officier, brigadier ou gendarme convaincu d'avoir emprunté ou
reçu, à quelque titre que ce soit, de l'argent ou des effets des pré-
venus ou condamnés dont le transfèrement lui est confié?

R. Tout sous-officier, brigadier ou gendarme convaincu d'avoir
emprunté ou reçu, à quelque titre que ce soit, de l'argent ou des
effets des prévenus ou condamnés dont le transfèrement lui a été
confié est réformé, sans préjudice des peines qui peuvent être
prononcées contre lui, et qui sont déterminées par les lois.

Art. 426. — D. *Les sous-officiers, brigadiers ou gendarmes*
sont-ils tenus de veiller à ce que les prisonniers reçoivent exacte-
ment les subsistances qui doivent leur être fournies pendant la
route, et quels sont les devoirs qu'ils ont à remplir à ce sujet?

R. Les sous-officiers, brigadiers et gendarmes sont tenus de
veiller à ce que les prisonniers reçoivent exactement les subsistances qui doivent leur être fournies pendant la route.

Ils préviennent les maires ou adjoints des infractions et négligences qu'ils remarqueraient sur la fourniture de la subsistance et
du couchage; ils se refusent, dans ce cas, à signer et à certifier
l'état relevé du registre d'écrou qui doit être présenté tous les trois
mois au commandant de la brigade.

Ils s'assurent, la veille du départ, que les prévenus ou condamnés qu'ils doivent transférer ne sont point malades et qu'ils sont munis des chaussures et vêtements nécessaires pour faire la route.

Art. 427. — D. *La surveillance prescrite par l'art. 426 du décret du 1er mars 1854 doit-elle être exercée par les commandants de brigade, lorsque les militaires sont détenus dans les maisons d'arrêt ou de détention?*

R. La même surveillance est exercée par les commandants de brigade, lorsque les militaires sont détenus dans les maisons d'arrêt ou de détention; ils s'assurent également si les concierges de ces prisons leur fournissent exactement les denrées prescrites par les règlements, si la paille est renouvelée aux époques fixées et dans les quantités voulues, et si les chambres sont munies des ustensiles nécessaires.

En cas de plaintes de la part des détenus, les commandants de brigade en vérifient l'exactitude, et rendent compte à leurs chefs, par la voie hiérarchique, des abus qu'ils ont découverts.

Art. 428. — D. *Quels sont les devoirs de la gendarmerie à l'égard des gardiens et geôliers, en ce qui concerne l'ouverture des portes des prisons et l'exhibition des registres d'écrou militaire?*

R. La gendarmerie dresse également procès-verbal contre tout gardien ou geôlier qui lui refuse l'ouverture des portes des prisons, des chambres de détenus à transférer, l'exhibition des registres d'écrou militaire, et qui n'opère pas immédiatement la transcription des ordres de justice pour écrouer, mettre en liberté ou transférer des prisonniers.

TRANSFÈREMENT DES PRISONNIERS PAR LES VOITURES CELLULAIRES.

Art. 429. — D. *La gendarmerie est-elle appelée à exercer une surveillance sur le transport des condamnés par les voitures cellulaires?*

R. Oui.

Art. 430. — D. *Que doit-il être fait lors du départ de chaque voiture cellulaire?*

R. Lors du départ de chaque voiture cellulaire, il est fourni pour le service de surveillance, sur réquisition des préfets, et d'après les ordres ou instructions du ministre de l'intérieur, par la gendarmerie sur les lieux, un brigadier ou, au besoin, un sous-officier pour accompagner la voiture depuis le point de départ jusqu'à la destination définitive, quel que soit d'ailleurs le nombre des voyages qu'elle doit effectuer dans les maisons centrales en allant chercher les forçats pour les conduire aux bagnes.

Art. 431. — D. *Si le brigadier préposé à la conduite d'une voiture cellulaire se trouve, dans le trajet, hors d'état de continuer sa route, comment est-il pourvu à son remplacement ?*

R. Si le brigadier préposé à la conduite au moment du départ se trouve, dans le trajet, hors d'état de continuer sa route, il est pourvu immédiatement à son remplacement, au moyen d'une réquisition de l'autorité administrative, par la gendarmerie locale.

Art. 432. — D. *Que doivent indiquer les réquisitions adressées à la gendarmerie pour le service des voitures cellulaires?*

R. Les réquisitions, soit primitives, soit subsidiaires, doivent indiquer avec soin le lieu du départ de chaque voiture, ceux de passage et celui de sa destination définitive.

Les brigadiers, après avoir rempli la mission qui a été précisée dans les réquisitions, sont renvoyés immédiatement à leur résidence.

Art. 433. — D. *Comment les avances à faire par les compagnies aux brigadiers chargés d'accompagner les voitures cellulaires, ainsi que le chiffre des indemnités, sont-ils fixés?*

R. Les avances à faire par les compagnies auxquelles appartiennent ces brigadiers, ainsi que le chiffre des indemnités auxquelles ils ont droit, sont fixés par le règlement d'administration.

Art. 434. — D. *Quels sont les devoirs à remplir par le brigadier chargé d'accompagner une voiture cellulaire?*

R. Le brigadier a la police de la voiture; il s'assure, avant le départ, si elle est en bon état, tant à l'intérieur qu'à l'extérieur; il veille à ce que les gardiens remettent au fondé de pouvoirs des entrepreneurs les extraits d'arrêts ou de condamnations des individus qui lui sont livrés; il constate leur identité en les interrogeant et en consultant leurs signalements; il défère à toutes instructions écrites qui lui sont données par les préfets ou sous-préfets pour le transport des prévenus, accusés et autres personnes; il transmet ces instructions, avec son rapport, au ministre de l'intérieur.

Art. 435. — D. *Quels sont les condamnés qui doivent être refusés par le brigadier chargé d'accompagner une voiture cellulaire, et quels devoirs a-t-il à remplir à ce sujet?*

R. Tout condamné malade ou en état d'ivresse est refusé par le brigadier, qui, dans ce cas, dresse un procès-verbal pour être transmis au ministre de l'intérieur.

Il lui est également interdit de recevoir toute femme allaitant son enfant ou se trouvant dans un état de grossesse apparente, à moins que, dans ce dernier cas, il ne lui soit remis un certificat du médecin de la prison portant que le transfèrement peut avoir lieu sans danger.

Art. 436. — D. *Quelle est la surveillance à exercer par le brigadier chargé d'accompagner une voiture cellulaire, en ce qui concerne le ferrement des condamnés?*

R. Le brigadier veille à l'exécution des mesures de précaution et de sûreté à prendre à l'égard des condamnés, conformément à l'arrêté du 12 mars 1830 pour le ferrement; il transmet au ministre de l'intérieur les autorisations qui lui ont été délivrées à l'effet d'excepter des condamnés de la mesure du ferrement.

Art. 437. — D. *Quelle est la surveillance à exercer par le brigadier chargé d'accompagner une voiture cellulaire, en ce qui concerne les effets d'habillement des condamnés?*

R. Avant le départ de la voiture, et en route, toutes les fois que le fondé de pouvoirs des entrepreneurs reçoit des condamnés, le brigadier veille à ce que les effets d'habillement qui leur sont dus suivant la saison, d'après le marché passé avec les entrepreneurs, leur soient fournis propres et en bon état.

Art. 438. — D. *Quelle est la surveillance à exercer par le brigadier chargé d'accompagner une voiture cellulaire, en ce qui concerne les aliments des condamnés?*

R. Le brigadier veille également à ce que les condamnés reçoivent les aliments déterminés par le règlement dont il lui est donné copie, et à ce qu'ils soient de bonne qualité; en cas de contestation, il en réfère au maire, qui prononce définitivement.

Art. 439. — D. *Le brigadier chargé d'accompagner une voiture cellulaire doit-il empêcher qu'il soit vendu ou donné aux condamnés des boissons, des aliments ou du tabac?*

R. Il est expressément recommandé au brigadier d'empêcher qu'il ne soit vendu ou donné aux condamnés, par qui que ce soit, ni eau-de-vie, ni vin, ni toute autre boisson fermentée, ni tabac, ni aucune sorte d'aliments; en cas de contravention à ces prohibitions, il en rend compte au ministre de l'intérieur.

Art. 440. — D. *Ne doit-il pas être tenu un journal par le brigadier chargé d'accompagner une voiture cellulaire, et que doit-il faire en cas d'événements graves?*

R. Le brigadier tient un journal à l'effet de constater, jour par jour, de quelle manière il est satisfait par l'entreprise aux prescriptions du marché passé pour la nourriture et l'habillement des condamnés; il donne connaissance de son journal aux fondés de pouvoirs des entrepreneurs, afin que ceux-ci puissent fournir leurs observations ou explications.

Le journal est envoyé par le brigadier au ministre de l'intérieur, aussitôt après l'accomplissement de sa mission.

En cas d'événements graves, il en rend compte immédiatement au ministre.

Art. 441. — D. *Quels sont les devoirs du brigadier chargé d'accompagner une voiture cellulaire, en ce qui concerne les sommes reçues par les fondés de pouvoirs des entrepreneurs, pour le compte des condamnés transférés?*

R. Le brigadier vise et certifie, à chaque article, le bordereau des sommes reçues par les fondés de pouvoirs des entrepreneurs, pour le compte des condamnés transférés.

Il s'assure que ces sommes sont exactement remises sur reçu au commissaire du bagne, au gardien de la prison ou à toute autre personne autorisée à recevoir l'argent des condamnés arrivés à leur destination.

Les agents de l'entreprise ne peuvent recevoir en dépôt au delà de vingt francs, pour le compte de chaque condamné; les bijoux sont refusés.

Art. 442. — D. *Quels sont les devoirs du brigadier chargé d'accompagner une voiture cellulaire, en ce qui concerne les punitions à infliger aux condamnés?*

R. Le brigadier, sur la demande des gardiens, prononce les punitions à infliger aux condamnés qui se rendent coupables d'infractions au règlement qui les concerne; il leur est donné lecture de ce règlement, qui, de plus, reste affiché dans chaque cellule.

Art. 443. — D. *Le brigadier chargé d'accompagner une voiture cellulaire doit-il prêter main-forte aux gardiens?*

R. Au besoin, le brigadier prête main-forte aux gardiens pour maintenir les condamnés dans l'obéissance, réprimer les tentatives d'évasion et repousser toute attaque du dehors.

Art. 444. — D. *Quelle est la surveillance à exercer par le brigadier chargé d'accompagner une voiture cellulaire, à l'égard des gardiens et des condamnés, et que doit-il faire si les premiers font usage de leurs armes contre les seconds?*

R. Le brigadier veille : 1° à ce que les gardiens s'abstiennent de toute injure et de toute menace envers les condamnés (toute infraction à ces dispositions est consignée dans son journal) ; 2° à ce que les condamnés n'aient aucune communication avec le public.

Si les gardiens se servent de leurs armes contre les condamnés, il dresse procès-verbal.

Art. 445. — D. *Quels sont les cas où le brigadier chargé d'accompagner une voiture cellulaire doit rédiger procès-verbal?*

R. Le brigadier constate également par procès-verbal :

1° Les cas où, par un motif quelconque, il a été nécessaire de s'écarter de l'itinéraire tracé ;

2° Les retards de force majeure, provenant de bris de voiture ou de tout autre accident qui a exigé le dépôt des condamnés entre les mains de l'autorité locale ;

3° Les cas où, à raison de la longueur du trajet, il a été jugé indispensable de s'arrêter pour faire reposer les condamnés ;

4° Les faits d'évasion ;

5° Les bris et dégradations qui peuvent être faits méchamment par les condamnés à la voiture et au mobilier de l'entreprise ;

6° Les cas où la voiture renfermant les condamnés est abandonnée par les deux gardiens à la fois.

Les procès-verbaux seront toujours communiqués au fondé de pouvoirs des entrepreneurs, lequel peut en prendre copie.

Art. 446. — D. *Le brigadier qui accompagne une voiture cellulaire doit-il certifier véritables les payements faits par l'entreprise pour les frais extraordinaires de locomotion?*

R. Le brigadier certifie véritables les payements faits par l'entreprise pour chevaux de renfort extraordinaires, c'est-à-dire attelés à la voiture en sus du nombre déterminé par le livre de poste, pour droits de péage de ponts et de bacs, ainsi que tous autres frais extraordinaires de locomotion.

Aucun pourboire aux postillons n'est admis comme dépense extraordinaire.

Il certifie, en même temps, qu'il y a eu nécessité d'employer des chevaux de renfort extraordinaires.

Art. 447. — D. *Le cas arrivant où il est absolument nécessaire de s'arrêter pour donner du repos aux condamnés, que doit faire le brigadier qui accompagne la voiture cellulaire?*

R. Le cas arrivant où il est absolument nécessaire de s'arrêter pour donner du repos aux condamnés, le brigadier choisit pour lieu de repos un chef-lieu de préfecture ou de sous-préfecture. Les condamnés sont déposés provisoirement dans la maison d'arrêt ou de justice, où il est pourvu à leur nourriture et aux frais du coucher par les soins du préposé de l'entreprise.

Avant d'en effectuer le dépôt, le brigadier donne avis de leur arrivée au maire, ainsi qu'au préfet ou sous-préfet, afin qu'il soit pris par eux telles mesures qu'il appartient, pour leur garde, jusqu'au moment du départ.

Le repos n'est jamais de plus de six heures et a lieu pendant le jour.

Art. 448. — D. *Si, par suite d'accident survenu à la voiture sur un point éloigné de toute population agglomérée, il devient nécessaire de s'arrêter et de mettre à pied les condamnés, que doit faire le brigadier qui accompagne la voiture cellulaire?*

R. Si, par suite d'accident survenu à la voiture sur un point éloigné de toute population agglomérée, il devient nécessaire de s'arrêter et de mettre à pied les condamnés, le brigadier donne l'ordre au postillon de se rendre à cheval et en toute hâte à la brigade de gendarmerie la plus voisine, pour y porter avis de l'accident et demander main-forte.

Il prescrit également, d'accord avec le fondé de pouvoirs des entrepreneurs, toutes les mesures extraordinaires qu'il juge nécessaires pour prévenir l'évasion des condamnés.

Si des condamnés ont été blessés, il pourvoit, par le même moyen, ou par tout autre plus prompt, s'il est possible, à leur soulagement, et fait appeler un médecin.

Si l'accident est survenu non loin de l'habitation du maire, il en donne avis à ce magistrat, afin qu'il prenne, s'il en est besoin, toutes les mesures d'urgence pour le logement et la garde des condamnés, jusqu'à ce qu'il soit possible de se mettre en route.

Dans le cas prévu par cet article, l'entrepreneur pourvoit à toutes les dépenses faites par les condamnés.

Art. 449. — D. *Si, pendant le voyage d'une voiture cellulaire, des condamnés sont reconnus, par les médecins appelés à les visiter, hors d'état d'être transportés plus loin, quelles sont les mesures à prendre?*

R. Si, pendant le voyage, des condamnés sont reconnus, par

les médecins appelés à les visiter, hors d'état d'être transportés plus loin, ils sont remis, suivant les localités, à la disposition soit du préfet, soit du sous-préfet ou du maire, qui prescrivent à leur égard telle mesure qu'il appartient.

Ce cas arrivant, il est donné au préposé de l'entreprise, par l'autorité qui les a reçus, une décharge des condamnés laissés en route pour cause de maladie.

Il en est de même si le transfèrement de quelque condamné se trouve arrêté par ordre supérieur ou par mandat de l'autorité judiciaire.

Hors les cas prévus par le présent article, aucun condamné ne peut quitter sa cellule, même momentanément.

Art. 450. — D. *Lorsque, pour des motifs quelconques, des condamnés restent en route, quels sont les devoirs à remplir par le brigadier qui accompagne la voiture cellulaire?*

R. Lorsque, pour des motifs quelconques, des condamnés restent en route, le brigadier veille à ce qu'ils soient remplacés, sans retard, par d'autres condamnés en nombre égal, en exécution des clauses du marché et conformément aux ordres de service délivrés aux entrepreneurs.

Art. 451. — D. *En cas de décès d'un condamné pendant le trajet, que doit-il être fait et quels sont les devoirs à remplir par le brigadier qui accompagne la voiture cellulaire?*

R. En cas de décès d'un condamné pendant le trajet, il est pourvu à sa sépulture par les soins du maire de la commune et aux frais de l'entreprise; il en est fait mention sur le journal du brigadier.

Une déclaration de décès est remise au préposé de l'entreprise pour lui servir de décharge.

Art. 452. — D. *En cas d'évasion, que doit faire le brigadier attaché à la voiture cellulaire?*

R. En cas d'évasion, le brigadier remet au préfet, au sous-préfet ou au maire, suivant les localités, le signalement du condamné évadé et tous autres renseignements pouvant servir à son arrestation.

Il transmet, sans délai, au ministre de l'intérieur, les mêmes renseignements.

Art. 453. — *D. En arrivant au bagne, et au moment de la remise des forçats à l'administration de la marine, quels sont les devoirs à remplir par le brigadier préposé à la conduite d'une voiture cellulaire?*

R. En arrivant au bagne, et au moment de la remise des forçats à l'administration de la marine, le brigadier communique son journal au commissaire chargé de leur réception, et lui donne sommairement des renseignements sur la conduite de chaque forçat pendant le trajet.

Les bagnes étant supprimés, cet article est sans effet.

Art. 454. — *D. Quels sont les devoirs du brigadier préposé à la conduite d'une voiture cellulaire, en ce qui concerne les dépenses faites par les préposés des entrepreneurs?*

R. Le brigadier, sur la demande des entrepreneurs, vise et certifie les états de dépenses faites par leurs préposés pour le service du transport.

En cas de malversation, il en donne avis sur-le-champ aux entrepreneurs.

Art. 455. — *D. Quelles sont les mesures de précaution, sous le rapport des mœurs, prescrites au brigadier préposé à la conduite d'une voiture cellulaire, en ce qui concerne le transport des femmes condamnées?*

R. Afin d'écarter les soupçons que peuvent faire naître, sous le rapport des mœurs, les relations obligées des agents de l'entreprise avec les femmes dont le transport est effectué par voie cellulaire, chaque cellule a une seconde serrure dont la clef est remise au brigadier par le fondé de pouvoirs des entrepreneurs.

De cette manière, le concours simultané de ce militaire et des préposés de l'entreprise devient indispensable pour faire sortir une détenue de sa cellule.

Art. 456. — *D. Que doivent contenir les rapports que les brigadiers préposés à la conduite des voitures cellulaires ont à adresser au ministre de l'intérieur après chaque voyage; que doivent-ils faire de la clef des cellules occupées par les femmes après l'accomplissement de leur mission?*

R. Dans les rapports que les brigadiers ont à adresser au ministre de l'intérieur, après chaque voyage, et lorsque des femmes ont été transférées, ils ont à certifier d'abord que la clef particulière qui leur est destinée leur a été remise; ensuite qu'aucune cellule occupée par une femme n'a été ouverte qu'en leur présence et avec leur concours.

Il leur est recommandé de remettre la clef, après l'accomplissement de leur mission, soit aux brigadiers qui ont été désignés pour les remplacer, soit aux agents de l'entreprise, lorsque la voiture, voyageant à vide, n'a plus besoin d'être accompagnée par un agent de la force publique.

Art. 457. — D. *Les sous-officiers, brigadiers et gendarmes peuvent-ils être préposés à la conduite des voitures cellulaires, lorsqu'elles sont affectées au transport des prévenus, accusés et des autres détenus appartenant à la population légale ou réglementaire des prisons?*

R. Lorsque des voitures cellulaires sont affectées au transport des prévenus, accusés et des autres détenus appartenant à la population légale ou réglementaire des prisons, les mêmes sous-officiers, brigadiers ou gendarmes peuvent être préposés à la garde et à la conduite de ces détenus. Pendant tout le trajet ils reçoivent, sur les frais de la justice criminelle, une indemnité spéciale qui est déterminée par des règlements d'administration.

Art. 458. — D. *Les mesures de précaution et de surveillance ordonnées pour le transport des condamnés aux bagnes sont-elles les mêmes pour le transport des accusés ou détenus conduits d'une prison à l'autre dans chaque département?*

R. Oui.

SERVICE EXTRAORDINAIRE DES BRIGADES.

Art. 459. — D. *En quoi consiste le service extraordinaire des brigades?*

R. Le service extraordinaire des brigades consiste à prêter main-forte :

1° Aux préposés des douanes, pour la perception des droits d'importation et d'exportation, pour la répression de la contrebande ou de l'introduction sur le territoire français de marchandises prohibées;

2° Aux administrateurs et agents forestiers, pour la répression du maraudage dans les forêts et sur les fleuves, lacs ou rivières;

3° Aux inspecteurs, receveurs des deniers de l'État, et autres préposés, pour la rentrée des contributions directes et indirectes.

Les commandants de brigade ne doivent pas acquiescer aux demandes d'escorte que leur font directement les percepteurs des communes ; mais, dans le cas où ces fonctionnaires ont de justes raisons de craindre une attaque sur les fonds existant entre leurs mains, ils s'adressent au maire et le prient de requérir cette escorte ;

4° Aux huissiers et autres exécuteurs de mandements de justice, porteurs de réquisitions ou de jugements spéciaux dont ils doivent justifier ;

5° Aux commissaires ou sous-commissaires, gardes-barrières et autres agents préposés à la surveillance des chemins de fer.

Art. 460. — D. *La gendarmerie doit-elle fournir les escortes légalement demandées ?*

R. La gendarmerie fournit les escortes légalement demandées, notamment celles pour la sûreté des recettes générales, convois de poudre de guerre, courriers des malles, voitures et messageries publiques chargées des fonds du gouvernement (1).

Art. 461. — D. *A qui doivent être adressées les réquisitions pour l'exécution du service extraordinaire ?*

R. Les réquisitions pour l'exécution du service extraordinaire sont adressées, savoir : dans les chefs-lieux de département, au commandant de la compagnie ; dans les sous-préfectures, au commandant de l'arrondissement ; et, sur les autres points, aux commandants des brigades.

Art. 462. — D. *Quelles sont les mesures à prendre lorsque la gendarmerie doit pourvoir à la sûreté des diligences et des malles chargées des fonds de l'État ?*

R. Lorsque la gendarmerie doit pourvoir à la sûreté des diligences et malles chargées des fonds de l'État, les officiers ont à se concerter avec les autorités qui font la réquisition pour remplacer par des patrouilles ou embuscades, dans l'intérêt de la conservation des chevaux, les escortes qui ne sont pas indispensables et qui dérangent le service habituel des brigades.

---

(1) Des hommes de troupe, tirés de la garnison la plus voisine, pourront être chargés de l'escorte des convois de poudre et munitions de guerre, lorsque la gendarmerie sera empêchée de pourvoir à ce service. Dans ce cas, un seul gendarme, au lieu de deux, accompagnera et commandera l'escorte ; il sera exclusivement chargé de la rédaction des procès-verbaux, quand il y aura lieu d'en dresser. (*Décis. minist. du 8 déc. 1870 et circ. du 14 dudit.*)

Ces patrouilles ou embuscades, qui ont lieu plus particulièrement la nuit, sont combinées suivant la longueur du trajet que par-
courent les diligences ou malles et suivant les dangers prévus.

Art. 463. — D. *Quels sont les devoirs à remplir par la gendarmerie lorsque l'escorte des diligences et malles chargées des fonds
de l'État est reconnue indispensable?*

R. Lorsque l'escorte est reconnue indispensable par les préfets
ou sous-préfets, elle ne peut être refusée par les officiers de gendarmerie; dans ce cas, si les gendarmes ne trouvent pas place à
côté du conducteur sur la voiture, ils la suivent sans pouvoir
l'abandonner avant l'arrivée à destination ou avant d'avoir été
relevés.

Ils ne doivent se placer ni en avant, ni sur les côtés de la voiture, mais se tenir en arrière à une distance de 100 mètres en-
viron, afin de ne pas la perdre de vue et d'être à même d'arriver
subitement en cas d'attaque.

Pour ces escortes, les gendarmes doivent toujours avoir les armes chargées.

Art. 464. — D. *Que doit-il être fait dans le cas où l'escorte des
diligences ou malles chargées des fonds de l'État n'a pas été jugée
nécessaire au moment du départ?*

R. Dans le cas où l'escorte n'a pas été jugée nécessaire au moment du départ, la réquisition est remise au conducteur de la voiture, lequel peut en faire usage, au besoin, dans toute l'étendue
de la route à parcourir.

Art. 465. — D. *La gendarmerie est-elle également chargée de
fournir des escortes pour la surveillance des transports et mouvements d'espèces entre les départements et les hôtels des monnaies,
et, dans ce cas, comment ce service doit-il être fait?*

R. La gendarmerie est également chargée de fournir des escortes pour la surveillance des transports et mouvements d'espèces
entre les départements et les hôtels des monnaies, lorsque des réquisitions lui en seront faites par les autorités.

Mais cette surveillance ne doit s'exercer, en général, qu'au
moyen de patrouilles et embuscades; elle n'a lieu que dans les
circonstances et sur les points des grandes routes où il y a quelque
danger à craindre.

Il n'est fourni d'escortes que dans le très petit nombre de cas
où ce service est le seul qui offre une garantie réelle. Ce service
doit être combiné avec les autorités, pour le temps et les moyens,

de manière à n'occasionner à la gendarmerie que le moins de dérangement possible.

Art. 466. — *D. Lorsque la gendarmerie se trouve dans l'impossibilité absolue d'escorter, que doit-il être fait?*

R. Lorsque la gendarmerie se trouve dans l'impossibilité absolue d'escorter, elle en mentionne les causes sur la réquisition
même.

Art. 467. — *D. La gendarmerie fournit-elle les escortes aux
convois de poudres, et, en cas d'insuffisance, que doit faire le chef
d'escorte?*

R. La gendarmerie fournit les escortes aux convois de poudres,
et, en cas d'insuffisance, le chef d'escorte requiert de la municipalité la garde nécessaire. Cette garde est aux ordres du commandant
du convoi.

Art. 468. — *D. Comment le commandant de l'escorte d'un convoi de poudres doit-il distribuer ses hommes, et quelle surveillance
a-t-il à exercer pour les voitures?*

R. Le commandant de l'escorte affecte un homme de sa troupe
à chaque voiture, et visite fréquemment toutes les voitures pour
s'assurer si tout est en bon état, s'il n'y a aucun accident à
craindre et si l'on prend toutes les précautions nécessaires pour
les éviter.

Art. 469. — *D. Comment le commandant de l'escorte d'un convoi de poudres doit-il faire marcher ce convoi, et quelles mesures
doit-il prendre à l'égard des fumeurs?*

R. Il fait marcher, autant que possible, le convoi sur la terre,
jamais plus vite que le pas, et sur une seule file de voitures.

Il ne souffre près du convoi aucun fumeur, soit de la troupe
d'escorte, soit étranger. Il est responsable des accidents qui peuvent provenir de cette cause, et de tous autres qui peuvent être attribués à sa négligence.

Art. 470. — *D. Le commandant de l'escorte d'un convoi de poudres doit-il empêcher que rien d'étranger aux poudres ne soit sur
les voitures, et quels devoirs a-t-il à remplir à ce sujet?*

R. Le commandant de l'escorte empêche que rien d'étranger
aux poudres ne soit sur les voitures, particulièrement des métaux
et des pierres qui, par leur choc, peuvent produire du feu; que
personne n'y monte qu'en cas de dérangement ou de réparations

indispensables à faire à un baril (ce qui doit avoir lieu très rarement et avec les plus grandes précautions, en descendant à cet effet le baril de la voiture et se servant du maillet en bois) ; que toutes les voitures étrangères à celles du convoi n'approchent pas de celui-ci : il les fait au besoin détourner et arrêter.

Nota. La défense de ne rien mettre d'étranger aux poudres dans les voitures n'est pas applicable aux poudres de commerce. (Circ. du 25 nov. 1857.)

Art. 471. — D. *Quelles sont les mesures de précaution à prendre par le commandant de l'escorte d'un convoi de poudres, quand ce convoi doit traverser les villes, bourgs et villages?*

R. Il ne laisse approcher personne du convoi, et veille à ce qu'il ne soit pas fait de feu dans les environs.

Il fait passer les convois en dehors des communes, lorsqu'il y a possibilité ; et, quand on est forcé de les faire entrer dans les villes, bourgs et villages, il requiert la municipalité de faire fermer les ateliers et les boutiques d'ouvriers dont les travaux exigent du feu, et de faire arroser, si la route est sèche, les rues par où l'on doit passer.

Art. 472. — D. *Lorsqu'un convoi de poudres doit stationner dans les villes, bourgs ou villages, quelles sont les mesures à prendre?*

R. Le convoi n'est jamais arrêté ni stationné dans les villes, bourgs, ni villages, et on le fait parquer au dehors dans un lieu isolé des habitations, sûr, convenable et reconnu à l'avance.

Art. 473. — D. *Lorsqu'un convoi de poudres stationne dans une localité, par qui doit-il être gardé, et quels sont les devoirs à remplir par le commandant de l'escorte?*

R. Le commandant de l'escorte, à défaut de la troupe de ligne, requiert le maire de désigner quelques habitants pour veiller sur la sûreté du convoi jusqu'au moment du départ. (*Circ. minist. des 15 juill. 1870 et 11 avril 1873.*)

Dans le cas où le convoi n'est pas gardé par la troupe de ligne, le commandant de l'escorte est tenu de s'assurer par lui-même, pendant la nuit, si ce service se fait avec exactitude.

Art. 474. — D. *La gendarmerie chargée de fournir les escortes de poudres a-t-elle le droit d'empêcher la circulation des convois pendant la nuit?*

R. Oui.

Art. 475. — *D. A qui la réquisition pour l'escorte faite par l'agent chargé d'expédier les poudres doit-elle être adressée, et à qui doit-elle être remise à l'arrivée à destination?*

R. La réquisition pour l'escorte faite par l'agent chargé d'expédier les poudres est adressée au commandant de la gendarmerie du lieu du départ, qui ne peut refuser d'obtempérer et donnera à cet agent un reçu de la réquisition.

Cette réquisition est remise par le commandant de l'escorte à celui qui le relève, et il en tire reçu, et ainsi de suite, de brigade en brigade, jusqu'à l'arrivée à sa destination, où cette réquisition est remise à l'agent en chef chargé de recevoir les poudres, lequel l'adresse au ministre ou à l'administration dont il dépend, avec tous les renseignements qui sont mentionnés.

Art. 476. — *D. Quel est le poids au-dessus duquel tout transport de poudres doit être escorté?*

R. Tout transport de poudres dont le poids excède 500 kilogrammes doit être escorté.

D. Quelles sont les pièces dont doit être porteur tout individu chargé de faire un transport pour le compte du département de la guerre?

R. Tout individu chargé de faire un transport pour le compte du département de la guerre doit être porteur d'une lettre de voiture revêtue du visa du fonctionnaire qui a signé l'ordre d'exécution, soit du maire ou adjoint de la commune où s'opère le chargement de la voiture, afin qu'il soit toujours facile de reconnaître en route l'origine et la destination du matériel. Le cachet du signataire de l'ordre ou le cachet de la mairie doit être joint au visa.

Art. 477. — *D. Les prescriptions de l'art. 476 du décret du 1er mars 1854 sont-elles applicables aux transports de poudres du poids de 500 kilogrammes et au-dessous?*

R. Cette disposition est applicable aux transports de poudres du poids de 500 kilogrammes et au-dessous, bien qu'ils soient dispensés de marcher habituellement sous escorte. L'escorte doit être requise et accordée partout où la nécessité est reconnue, lors même que le transport a déjà été mis en route sans escorte.

Art. 478. — *D. Les gendarmes chargés des escortes des convois de poudres peuvent-ils abandonner les voitures confiées à leur garde avant d'avoir été relevés?*

R. Non.

Art. 479. — D. *La gendarmerie est-elle chargée de la surveil-lance du transport des convois de poudres par eau, et, dans ce cas, quelle surveillance a-t-elle à exercer?*

R. La gendarmerie est également chargée de la surveillance du transport des convois de poudres par eau; elle exige que les barils soient arrangés et empilés d'une manière convenable sur les ba-teaux, et qu'ils soient entièrement isolés de tout autre objet trans-porté à bord du même bateau, enfin qu'ils soient entourés de tous côtés par de la paille et recouverts partout d'une toile bien serrée ou goudronnée.

Art. 480. — D. *Comment le commandant de l'escorte d'un con-voi de poudres voyageant par eau doit-il distribuer ses hommes; quelles précautions a-t-il à prendre pour le feu?*

R. Le commandant de l'escorte affecte un ou plusieurs gen-darmes à chaque bateau, suivant la force dont il peut disposer; il ne souffre pas qu'on fasse du feu à bord ni qu'on y fume; il est responsable des accidents qui proviennent par suite de contraven-tion à ces instructions.

Art. 481. — D. *Quelle est la surveillance à exercer par le com-mandant de l'escorte d'un convoi de poudres pour que le bateau ne fasse pas trop d'eau et lorsqu'il y a des réparations à faire à ce même bateau?*

R. Il veille à ce qu'on jette exactement l'eau que le bateau est dans le cas de faire, et même à ce que l'on bouche ou diminue la voie. S'il faut travailler au bateau avec quelques outils, on ne se sert que de maillets de bois, comme il a été prescrit pour réparer les barils, et on ôte avec précaution les barils de poudre des en-droits où l'on travaille et des parties qui les environnent.

Art. 482. — D. *Lorsqu'un convoi de poudres par eau traverse une ville, un bourg ou un village, quelles sont les mesures de pré-caution à prendre par le commandant de l'escorte?*

R. Lorsqu'un convoi par eau traverse une ville, un bourg ou un village, le commandant de l'escorte réquiert la municipalité de faire fermer les ateliers et les boutiques des ouvriers dont les travaux exigent du feu, ainsi qu'il a été prescrit pour les convois par terre.

Art. 483. — D. *Les bateaux chargés de poudres doivent-ils tou-jours être isolés, et quelles sont les mesures de précaution à prendre à ce sujet?*

R. Les bateaux chargés de poudres doivent toujours être isolés, soit dans la marche, soit lorsqu'ils sont amarrés. En conséquence, le commandant de l'escorte fait éloigner tous les autres bateaux qui veulent s'en approcher.

Art. 484. — *D. Quelles sont les mesures de précaution à prendre par le commandant de l'escorte lorsqu'il y a lieu d'amarrer les bateaux chargés de poudres?*

R. Il ne laisse pas amarrer les bateaux chargés de poudres près des communes ou habitations; il veille à ce qu'aucun étranger n'approche du convoi et à ce qu'on ne fasse pas de feu dans les environs des endroits où ils sont amarrés.

Lorsqu'un bateau est amarré, il doit rester, le jour et la nuit, au moins un gendarme à bord, et le commandant de l'escorte exige qu'il y reste un marinier pour parer aux événements qui pourraient arriver.

Art. 485. — *D. Dans le cas où des événements extraordinaires, tels qu'inondations, glaces et fermetures de canaux, empêchent des poudres de suivre leur destination, que doit faire le commandant de l'escorte?*

R. Dans le cas où des événements extraordinaires, tels qu'inondations, glaces et fermetures de canaux, empêchent des poudres de suivre leur destination, le commandant de l'escorte en prévient de suite le commandant de la place ou, à son défaut, le maire, qui les fait emmagasiner dans un lieu sec et sûr, jusqu'à ce qu'elles puissent repartir; le chef de l'escorte remet la réquisition et les instructions qui l'accompagnent à ces autorités; il en tire reçu, prévient la brigade la plus voisine, rend compte immédiatement à ses chefs, et l'escorte rentre à sa résidence.

Lorsque les poudres peuvent suivre leur destination, l'une ou l'autre de ces autorités requiert l'escorte d'usage, lui remet les pièces et en tire un reçu.

Art. 486. — *D. Quelles sont les dispositions à prendre pour la surveillance des transports de poudres par chemins de fer?*

R. Les escortes de poudres par les voies ferrées sont supprimées; mais les gendarmes sont tenus d'accompagner les convois de l'arsenal à la gare, et, s'ils devaient y séjourner plus de trois heures, il serait pourvu à leur garde par le soin des compagnies de chemins de fer. (*Circ. du 15 sept. 1879.*)

DES PROCÈS-VERBAUX.

Art. 487. — *D. Toutes les fois que la gendarmerie est requise pour une opération quelconque, doit-elle en dresser procès-verbal?*

R. Toutes les fois que la gendarmerie est requise pour une opé-

7

ration quelconque, elle en dresse procès-verbal, même en cas de
non réussite, pour constater son transport et ses recherches.

Art. 488. — D. *Dans quelles circonstances et à quelle occasion
la gendarmerie doit-elle dresser procès-verbal?*

R. Elle dresse également procès-verbal des crimes, délits et contraventions de toute nature qu'elle découvre, des crimes et délits
qui lui sont dénoncés, de tous les événements importants dont
elle a été témoin, de tous ceux qui laissent des traces après eux et
dont elle va s'enquérir sur les lieux, de toutes les déclarations qui
peuvent lui être faites par les fonctionnaires publics et les citoyens
qui sont en état de fournir des indices sur les crimes ou délits qui
ont été commis, enfin de toutes les arrestations qu'elle opère dans
son service (1).

Art. 489. — D. *Un gendarme peut-il verbaliser seul?*

R. Un gendarme peut verbaliser seul, et son procès-verbal est
toujours valable; mais il n'en est pas moins à désirer que tous les
actes de la gendarmerie soient constatés par deux gendarmes au
moins, afin de leur donner toute la force possible en opposant en
justice leurs témoignages aux dénégations des délinquants.

Art. 490. — D. *Les sous-officiers, brigadiers et gendarmes requis
de prêter main-forte aux fonctionnaires et aux agents de l'autorité administrative ou judiciaire signent-ils les procès-verbaux
dressés par ces fonctionnaires; comment ce service doit-il être
constaté par la gendarmerie?*

R. Les sous-officiers, brigadiers et gendarmes requis de prêter
main-forte aux fonctionnaires et aux agents de l'autorité administrative ou judiciaire peuvent signer les procès-verbaux dressés par
ces fonctionnaires et agents, après en avoir pris connaissance, mais
ils ne dressent pas de procès-verbaux de ces opérations; ils en
font seulement mention sur les feuilles et rapports de service.

Art. 491. — D. *Sur quel papier les procès-verbaux des sous-
officiers, brigadiers et gendarmes doivent-ils être faits?*

*Ces mêmes procès-verbaux doivent-ils être soumis au visa pour
timbre et à l'enregistrement, et, dans ce cas, par qui et dans quel
délai sont-ils présentés à cette formalité?*

R. Les procès-verbaux des sous-officiers, brigadiers et gendarmes
sont faits sur papier libre; ceux de ces actes qui sont de nature à

____

(1) Les procès-verbaux doivent contenir les faits dégagés de toute interpré-
tation étrangère à leur but, qui est d'éclairer la justice sans chercher à l'in-
fluencer. (*Circ. du 15 sept. 1852.*)

donner lieu à des poursuites judiciaires sont visés pour timbre et enregistrés en débet ou gratis, suivant les distinctions établies par les lois de finances ou règlements spéciaux.

Ils sont présentés à cette formalité par les gendarmes dans le délai de quatre jours, lorsqu'il se trouve un bureau d'enregistrement dans le lieu de leur résidence; dans le cas contraire, l'enregistrement a lieu à la diligence du ministère public chargé des poursuites.

Nota. En matière de police du roulage et des messageries, les procès-verbaux doivent être soumis à l'enregistrement dans le délai de trois jours, sans peine de nullité. (*Art. 19 de la loi du 30 mai 1851.*)

Les gendarmes qui ne font pas enregistrer les procès-verbaux dans les délais prescrits encourent une amende de 5 fr. par procès-verbal. (*Lois des 22 frim. an VII et 16 juin 1824.*)

Art. 492. — *D. Quels sont les procès-verbaux dressés par la gendarmerie soumis à la double formalité du timbre et de l'enregistrement en débet?*

R. Les procès-verbaux constatant des contraventions du ressort des tribunaux de simple police sont essentiellement soumis à la double formalité du timbre et de l'enregistrement en débet.

Il en est de même de ceux constatant des faits intéressant l'État, les communes et les établissements publics, enfin de ceux rédigés pour morts violentes, lorsqu'ils contiennent l'inventaire des effets trouvés sur le décédé ou près de lui.

Sont également soumis aux droits de timbre et d'enregistrement les procès-verbaux de contravention en matière de douanes et de contributions indirectes.

Art. 495. — *D. En combien d'expéditions tous les procès-verbaux dressés par les brigades de gendarmerie doivent-ils être établis, et quelles sont les exceptions à ce sujet?*

R. Tous les procès-verbaux dressés par les brigades sont généralement établis en double expédition, dont l'une est remise, dans les vingt-quatre heures, à l'autorité compétente, et l'autre est adressée au commandant de l'arrondissement. Cet officier, après avoir examiné ce qui peut se trouver de défectueux ou d'omis dans la rédaction de ces procès-verbaux, les transmet avec ses observations au commandant de la compagnie.

Les procès-verbaux d'arrestation des forçats évadés et des déserteurs de l'armée de terre ou de mer sont en quadruple expédition.

Le signalement des individus arrêtés doit toujours être inscrit au bas du procès-verbal.

Les procès-verbaux en matière de roulage et de grande voirie doivent être faits en triple expédition; deux expéditions sont remises au préfet ou sous-préfet, et la troisième est adressée au commandant de la compagnie, avec indication que cette formalité a été remplie.

Les procès-verbaux relatifs à la contrebande sont en triple expédition, dont deux sont adressées au directeur des douanes et des contributions indirectes.

Art. 496. — D. *Dans les résidences où il n'y a pas d'officier de gendarmerie, comment les procès-verbaux rédigés par les militaires de cette arme sont-ils adressés aux autorités compétentes?*

R. Les procès-verbaux rédigés par les militaires de la gendarmerie sont adressés directement aux autorités compétentes pour accélérer la transmission des dépêches; mais les commandants de brigade n'en sont pas moins tenus d'en adresser immédiatement une expédition au commandant de l'arrondissement.

Art. 497. — D. *A quelle autorité l'une des deux expéditions des procès-verbaux dressés par la gendarmerie, en matière de simple police, doit-elle être transmise?*

R. L'une des deux expéditions des procès-verbaux dressés par la gendarmerie, en matière de simple police, est transmise par le commandant de brigade au commissaire de police ou au maire remplissant les fonctions du ministère public près le tribunal de simple police de la localité; l'autre expédition est transmise au commandant de l'arrondissement, qui doit adresser, les 1er et 15 de chaque mois, au procureur de la République, un état sommaire de ces contraventions, avec la date des procès-verbaux qui les ont constatées, ainsi que les noms des contrevenants et celui du fonctionnaire auquel la remise en a été faite.

Art. 498. — D. *Les procès-verbaux de la gendarmerie font-ils foi en justice, et peuvent-ils être annulés sous prétexte de vice de forme?*

R. Les procès-verbaux de la gendarmerie font foi en justice jusqu'à preuve contraire; ils ne peuvent être annulés sous prétexte de vice de forme, ou pour défaut d'enregistrement, les droits pouvant être perçus avant ou après le jugement. (V. *art. 491.*)

Art. 499. — D. *Les gendarmes qui ont constaté des contraventions doivent-ils être entendus à l'appui de leurs procès-verbaux?*

R. Les gendarmes, étant chargés par les lois et règlements de police de constater, dans la circonscription de leurs brigades respectives, les contraventions qui peuvent être commises, doivent, comme tous les officiers de police judiciaire, être entendus à l'appui de leurs procès-verbaux.

FEUILLES DE SERVICE.

Art. 500. — D. *Par qui et en quel nombre les journaux ou feuilles de service doivent-ils être adressés aux compagnies de gendarmerie, et où ces mêmes journaux ou feuilles de service restent-ils déposés lorsqu'ils ont été remplis; enfin, quelles sont les mentions à y porter par les commandants de brigade, en ce qui concerne les commandants d'arrondissement?*

R. Les journaux ou feuilles de service dont l'usage est prescrit par l'art. 234 du présent décret sont adressés aux compagnies par le ministre de la guerre en nombre suffisant pour qu'un exemplaire en soit déposé chaque mois au secrétariat de la compagnie. Les commandants de brigade sont tenus d'indiquer sur ces feuilles les jours où les commandants d'arrondissement se sont présentés, soit dans la résidence, soit aux lieux de correspondance, pour leurs tournées et autres objets de service.

La feuille de service ne doit plus être établie qu'en une seule expédition qui est déposée dans les archives de la compagnie. (*Circ. du 29 juill. 1879.*)

Art. 501. — D. *Comment les commandants de brigade doivent-ils tenir les journaux ou feuilles de service; quelles sont les inscriptions à y porter par eux?*

R. La feuille doit être constamment au courant; les commandants de brigade y indiquent succinctement, avec ordre, précision et clarté le service de toute nature fait chaque jour par les hommes de la brigade désignés nominativement, au dehors et dans la résidence; ils y font mention des crimes, délits, contraventions et événements graves qui ont été constatés, des arrestations qui ont été opérées, soit en flagrant délit, soit en vertu de réquisitoires de l'autorité, des notifications qui ont été faites aux électeurs, témoins et jurés, et enfin de tout le service exécuté par la brigade dans les vingt-quatre heures.

Art. 502. — D. *Les commandants de brigade doivent-ils inscrire sur les feuilles de service ce qui a rapport aux correspondances et au transfèrement des prisonniers?*

R. Les commandants de brigade inscrivent également sur la feuille de service les correspondances qui ont été faites, les noms des gendarmes chargés des escortes, les noms des prisonniers transférés, les destinations assignées et le nombre de pièces jointes aux ordres de conduite.

Dans le cas où le nombre des prisonniers est trop considérable et dépasse *quatre*, ils sont indiqués numériquement.

Art. 503. — D. *Comment et par qui la gendarmerie fait-elle certifier le service qu'elle fait dans les communes?*

R. La gendarmerie fait certifier par la signature des maires, adjoints ou personnes notables le service qu'elle fait dans les communes; il lui est interdit de demander cette signature ailleurs que sur le lieu où le service qu'elle constate a été exécuté.

Si, pour une cause quelconque, un sous-officier, brigadier ou gendarme se trouve dans la nécessité d'opérer seul, il doit faire constater cette circonstance par le maire, l'adjoint ou le notable, pour qu'à son tour son chef puisse apprécier les raisons de cette dérogation à la règle générale.

Le cachet de la mairie doit être apposé au bas de la signature du fonctionnaire, à moins d'impossibilité constatée et dont il est rendu compte.

Art. 504. — D. *Lorsque, dans une même journée, il y a deux services, à qui la feuille est-elle donnée de préférence?*

R. Lorsque, dans une même journée, il y a deux services, ce qui arrive fréquemment, la feuille est donnée de préférence aux hommes qui vont en tournée de communes, le service de correspondance étant toujours constaté par les signatures données sur le carnet.

SERVICE DE LA GENDARMERIE AUX ARMÉES (1).

Art. 505. — D. *Quels sont les titres attribués aux officiers de gendarmerie attachés à une armée?*

R. Lorsqu'une armée est constituée et mobilisée, le commandant supérieur de la gendarmerie y reçoit le titre de grand-prévôt, et le commandant de la gendarmerie de chaque corps d'armée s'appelle prévôt.

Art. 507. — D. *Quelles sont les fonctions de la gendarmerie à l'armée?*

R. Le service de la gendarmerie aux armées comprend le service prévôtal proprement dit, le service des convois, la garde des prisonniers; mais les gendarmes de ces diverses forces publiques pourront, sur la proposition du prévôt et sur l'ordre du général commandant le corps d'armée, être employés à l'un ou à l'autre de ces services suivant que les circonstances l'exigeront.

---

(1) Décret du 24 juillet 1875

Art. 508. — D. *Dans chaque corps d'armée, qui est chargé de réunir les convois et équipages, de les former et d'en assurer la police?*

R. Un capitaine de gendarmerie vaguemestre, auquel est adjoint un maréchal des logis à cheval vaguemestre, est chargé de ce soin d'après les ordres du chef d'état-major.

Le capitaine vaguemestre et le maréchal des logis adjoint sont subordonnés au prévôt du corps d'armée, auquel il rend compte des ordres qu'il a reçus directement du chef d'état-major.

Art. 511. — D. *Le grand-prévôt peut-il nommer aux emplois de sous-officier et de brigadier?*

R. Oui, en cas de vacances qui se sont produites pendant la campagne.

Art. 512. — D. *Par qui est tenue la comptabilité?*

R. Dans chaque prévôté, un maréchal des logis comptable est chargé, sous la direction du prévôt, des détails d'administration et de comptabilité; il remplit en même temps les fonctions de greffier.

Un sous-officier est placé au même titre près du capitaine vaguemestre.

Les fonctions de greffier près du grand-prévôt seront remplies par un capitaine-trésorier qui est également chargé de la comptabilité du détachement attaché au grand quartier général et de la centralisation de l'administration de toute la prévôté de l'armée.

Au point de vue administratif, toute la gendarmerie d'un corps d'armée est considérée comme faisant corps, pour toute la durée de la campagne.

La solde est touchée par corps d'armée chez le payeur du corps.

Quand une division se trouve détachée, elle s'administre séparément et touche sa solde chez le payeur de la division.

Art. 514. — D. *De quelle autorité relève la gendarmerie?*

R. La gendarmerie ne relève que de ses chefs directs, ainsi que des généraux et chefs d'état-major près desquels elle est placée. Les réquisitions adressées à la gendarmerie doivent, à moins de circonstances exceptionnelles, passer par l'intermédiaire des officiers de l'arme dans les divisions et corps d'armée.

Art. 515. — D. *Quels sont les rapports à fournir par les commandants de détachement?*

R. Indépendamment des rapports que les commandants de détachement doivent aux prévôts de corps d'armée et ceux-ci au grand-prévôt sur tous les objets de leur service, ils en font journellement un aux généraux commandant les corps de troupes près desquels ils sont placés; ils les informent surtout des ordres du commandant en chef, en ce qui concerne la police.

Les capitaines vaguemestres doivent les mêmes rapports au prévôt de leur corps d'armée. Ils reçoivent des ordres des généraux et chefs d'état-major pour leur service journalier; ils rendent compte de leur exécution.

Dans une brigade détachée, le commandant de la gendarmerie remplit les mêmes devoirs envers le général de brigade.

Art. 517. — D. *Par qui les militaires de la gendarmerie peuvent-ils être punis?*

R. Les militaires de la gendarmerie ne peuvent être punis que par leurs chefs directs et par les généraux et chefs d'état-major des corps auxquels ils appartiennent. Toute faute méritant répression, commise par l'un d'eux, est signalée au prévôt et au grand-prévôt.

Il est donné connaissance, à l'autorité qui a porté la plainte, de la punition infligée.

Au grand-prévôt, au général, au chef d'état-major des corps dont ils relèvent appartient le droit de diminuer, de changer la nature et même de faire cesser les punitions prononcées.

Art. 518. — D. *Quelles sont les fonctions de la gendarmerie à l'armée?*

R. La gendarmerie remplit à l'armée des fonctions analogues à celles qu'elle exerce dans l'intérieur : la constatation des crimes, délits et contraventions, la rédaction des procès-verbaux, la poursuite et l'arrestation des coupables, la police, le maintien de l'ordre sont de sa compétence et constituent ses devoirs.

Art. 519. — D. *Dans quels cas la gendarmerie peut-elle être employée au service d'escorte ou d'estafette?*

R. La gendarmerie des prévôtés ne sert jamais comme escorte en dehors de ce qui est prévu par le présent règlement, et elle ne peut être employée au service d'estafette que dans le cas de la plus absolue nécessité. Elle ne peut non plus fournir d'ordonnances aux officiers, quel que soit leur grade.

Art. 521. — D. *Les sous-officiers, brigadiers et gendarmes peuvent-ils pénétrer à toute heure de jour et de nuit dans l'intérieur des camps?*

R. Pour faciliter l'exécution de leur service, les sous-officiers, brigadiers et gendarmes sont autorisés à pénétrer à toute heure de jour et de nuit dans l'intérieur des camps. A cet effet, ils seront munis du mot. Il est rendu compte au commandant d'armée et au grand-prévôt, par la voie hiérarchique, des obstacles ou empêchements qu'ils pourraient rencontrer à cet égard.

Art. 522. — D. *La gendarmerie peut-elle requérir main-forte des officiers et sous-officiers des troupes?*

R. Les officiers et les sous-officiers des troupes sont tenus de déférer aux réquisitions de la gendarmerie, lorsqu'elle croit avoir besoin d'appui. Dans le cas où la main-forte lui est refusée, il en est rendu compte, par la voie hiérarchique, au chef d'état-major de la division à laquelle appartient l'officier ou le sous-officier qui n'a pas obtempéré à la réquisition.

Toutes les fois que des officiers, sous-officiers et gendarmes interviennent en leur qualité d'agents de la force publique, au nom de la loi, personne n'a le droit d'entraver leur autorité, et tout le monde doit se soumettre à leurs réquisitions ou à leurs injonctions.

Il est bien entendu, toutefois, que la gendarmerie n'aura pas le droit de s'opposer à des mesures militaires, de quelque nature qu'elles soient, quand elles auront été ordonnées par le commandement.

Art. 523. — D. *Les militaires employés aux armées doivent-ils rendre compte à la gendarmerie des crimes et délits dont ils ont connaissance?*

R. Tout militaire ou employé à l'armée qui a connaissance d'un crime ou délit doit en donner sur-le-champ avis au grand-prévôt, au prévôt ou à tout autre officier, sous-officier ou brigadier de la gendarmerie. Il est tenu de répondre catégoriquement à toutes les questions qui lui sont adressées par eux.

Art. 527. — D. *Quelles sont les escortes dues au grand-prévôt et aux prévôts?*

R. Le grand-prévôt a une garde à son logement ; dans les marches et dans ses tournées, il est escorté par deux brigades de gendarmerie.

Dans les mêmes cas, le prévôt de corps d'armée, le commandant de détachement et le capitaine vaguemestre sont accompagnés d'une brigade, si cela est possible sans nuire au service.

Art. 528. — D. *La police relative aux individus non militaires appartient-elle à la gendarmerie?*

R. La gendarmerie a dans ses attributions spéciales la police relative aux individus non militaires, aux marchands, aux vivandiers et aux domestiques qui suivent l'armée.

En conséquence, le grand-prévôt, le prévôt et le commandant de détachement inscrivent sur un registre les noms et les signalements des secrétaires, interprètes et employés que les généraux et les fonctionnaires de l'armée ont à leur suite.

Un second registre sert à inscrire les noms, signalements et professions des vivandiers, cantiniers et marchands, avec indication du numéro de la patente qui leur a été délivrée.

Art. 530. — D. *Les commandants de détachement peuvent-ils délivrer des patentes et à qui?*

R. Les commandants de détachement délivrent, sous l'approbation du chef d'état-major et avec son visa, des patentes aux vivandiers, marchands et industriels des divisions ou des brigades; mais ils les font viser, autant que possible, par le grand-prévôt de l'armée et le prévôt du corps d'armée, au visa desquels sont également soumises celles qui sont délivrées par les conseils d'administration aux cantiniers des corps.

Art. 531. — D. *Quelle est la surveillance que la gendarmerie doit exercer sur les permissions et patentes accordées?*

R. Ces permissions et patentes doivent être l'objet d'un examen sévère de la part de la gendarmerie, qui se les fait représenter fréquemment afin de constater en même temps l'identité des individus qui en sont détenteurs. Cette mesure est de la plus haute importance pour empêcher ou réprimer l'espionnage.

Art. 532. — D. *Quelles sont les mesures prescrites pour s'assurer de la qualité des liquides et des comestibles débités par les marchands, vivandiers et cantiniers?*

R. Dans chaque division, un médecin ou pharmacien militaire, assisté d'un maréchal des logis ou brigadier de gendarmerie et de deux gendarmes, est chargé de faire inopinément des tournées générales ou partielles pour apprécier la qualité des liquides et des comestibles débités par les marchands, vivandiers et cantiniers.

Il fait répandre ou enfouir ceux qui sont reconnus susceptibles de porter atteinte à la santé des troupes.

Art. 533. — D. *Que doit faire la gendarmerie à l'égard des vivandiers et cantiniers?*

R. La gendarmerie veille à l'exécution des ordres des généraux concernant les vivandiers et cantiniers, qui, indépendamment d'une plaque indiquant leur profession et qu'ils portent d'une manière ostensible, sont forcés d'en avoir une à leur voiture, indi-

quant leur nom, le numéro de leur patente et le quartier général
où le corps de troupe auquel ils appartiennent.

Elle exige que les comestibles et les liquides dont ils doivent être
pourvus soient de bonne qualité, en quantité suffisante et au
moindre prix possible.

Elle fait souvent des perquisitions dans les voitures des marchands, vivandiers et cantiniers, pour empêcher qu'elles servent à
transporter d'autres objets que ceux qu'elles doivent contenir.

Elle dresse procès-verbal des infractions qu'elle remarque; elle
en prévient les corps auxquels les délinquants appartiennent, et
rend compte, par la voie hiérarchique, au chef d'état-major général ou de la division.

Art. 534. — D. *La gendarmerie est-elle chargée de vérifier les
poids et mesures?*

R. Les officiers et les sous-officiers de gendarmerie vérifient souvent les poids et mesures; ils confisquent, conformément aux lois,
ceux qui ne sont pas étalonnés; le grand-prévôt ou le prévôt in-
flige aux contrevenants les peines édictées par la loi; il les prive
pour un temps de leur patente et il peut, en cas de récidive, les
renvoyer de l'armée; le tout sans préjudice des restitutions auxquelles ils peuvent être obligés, ni des autres châtiments qu'ils
peuvent avoir encourus pour fraude.

Art. 535. — D. *La gendarmerie doit-elle s'occuper des cantiniers des corps de troupe?*

R. Les dispositions précédentes, concernant les cantiniers des
corps, sont plus spécialement laissées à la surveillance des chefs
de bataillon, adjudants-majors et adjudants de ces corps.

La gendarmerie doit, en général, s'abstenir de toute ingérence
superflue dans l'intérieur des corps de troupe, qui ont tout intérêt
à faire bonne police par eux-mêmes.

Art. 537. — D. *La gendarmerie doit-elle arrêter les domestiques
des officiers et fonctionnaires de l'armée qui ne présentent pas l'attestation exigée? — Doit-elle également arrêter les vagabonds?*

R. Les domestiques des officiers et des employés de l'armée
sont tenus d'avoir une attestation signée de leur maître constatant
qu'ils sont à son service. Cette attestation est visée dans les corps
par les colonels, dans les états-majors et les administrations par
les prévôts. S'ils obtiennent des permissions, elles devront être
visées de la même manière.

La gendarmerie arrête les domestiques des officiers et des fonctionnaires de l'armée qui, sur sa réquisition, ne lui présentent pas

l'attestation signée de leur maître constatant qu'ils sont à son service et, s'il y a lieu, leur permission.

Elle arrête également comme vagabond tout domestique qui abandonne son maître pendant la campagne.

Art. 539. — *D. La gendarmerie doit-elle recevoir dans les prisons les individus qu'elle arrête et ceux qui lui sont envoyés par les chefs d'état-major ?*

R. La gendarmerie reçoit dans les prisons les individus qu'elle arrête et ceux qui lui sont envoyés par les chefs d'état-major.

Afin d'éviter l'encombrement des prisons, les prévôts procèdent sans désemparer au jugement de tous les autres individus qui leur sont amenés et sur lesquels s'étend leur juridiction.

Art. 540. — *D. Où doivent-être conduits les militaires que la gendarmerie arrête, et dans quel délai doivent être envoyés les signalements des évadés et déserteurs ?*

R. La gendarmerie reconduit à leurs corps les militaires qu'elle arrête, à moins que l'inculpation élevée contre eux ne soit de la compétence des conseils de guerre ; dans ce dernier cas, les pièces de conviction sont remises au chef d'état-major de la division, qui prend les ordres du général pour faire informer.

Le signalement des déserteurs et des prisonniers évadés est envoyé, dans les vingt-quatre heures au plus tard, à l'officier commandant le détachement de gendarmerie de la division, lequel prend les mesures nécessaires pour leur arrestation.

Art. 542. — *D. Que doit faire la gendarmerie dans les marches ?*

R. Dans les marches, la gendarmerie suit les colonnes, arrête les pillards et fait rejoindre les traînards.

Si la troupe marche en avant, la prévôté est répartie sur les flancs et en arrière des colonnes.

En cas de retraite, elle est placée également sur les flancs et entre les troupes et les équipages. Son devoir est surtout de faire dégager rapidement les routes et d'arrêter les mouvements précipités qui peuvent dégénérer en panique.

Art. 543. — *D. En cas de panique, et quand les troupes sont engagées, que doit faire la gendarmerie ?*

R. Quand les troupes sont engagées, la gendarmerie est échelonnée en arrière des corps qui sont aux prises avec l'ennemi. Elle ramène au feu les soldats qui se débandent et ceux qui se détachent sans nécessité pour accompagner les blessés. Elle désigne à ces derniers l'emplacement des ambulances, et aux officiers les dépôts de munitions.

En cas de panique, toute la prévôté est réunie pour opposer une digue aux fuyards.

Art. 545. — D. *La gendarmerie doit-elle verbaliser contre les officiers ou fonctionnaires qui ont requis des voitures ou des chevaux en dehors des autorités légales?*

R. Oui, et, de plus, elle doit recevoir les plaintes des propriétaires, tant sur cet objet que sur tout autre.

Art. 546. — D. *Que doit faire la gendarmerie à l'égard des militaires de tous grades qui, à la guerre, sont trouvés chassant?*

R. Elle signale les militaires de tous grades qui, à la guerre, sont trouvés chassant, ainsi que les officiers qui, dans les cantonnements, chassent sans la permission du propriétaire et l'autorisation du général commandant sur les lieux.

Les prévôts ou autres officiers de gendarmerie sont spécialement chargés d'empêcher les jeux de hasard, qui sont formellement défendus. Les individus qui se livrent à ces jeux sont sévèrement punis; ceux qui les tiennent, s'ils ne sont pas militaires, sont chassés de l'armée.

La gendarmerie écarte de l'armée les femmes de mauvaise vie.

Art. 547. — D. *Que doit faire la gendarmerie à l'égard des chevaux appartenant à des personnes inconnues, ou trouvés sans maître, ou volés, ou pris à l'ennemi?*

R. La gendarmerie veille à ce qu'il ne soit pas acheté de chevaux à des personnes inconnues. Ceux qui ont été volés ou trouvés sans maître sont conduits à la prévôté, qui les fait rendre à leur propriétaire dès qu'il est connu. Dans le cas contraire, ils sont remis, d'après l'ordre du chef d'état-major, à l'arme à laquelle ils conviennent.

Les chevaux pris sur l'ennemi ne sont jamais amenés à la gendarmerie; ils sont laissés à la garde des corps qui les ont capturés, conformément à l'art. 182 du règlement sur le service en campagne.

Art. 548. — D. *Pendant le temps que ces chevaux restent en subsistance dans les corps, quel soin doit avoir la gendarmerie?*

R. Elle conserve leur signalement pour faciliter les recherches ultérieures.

Art. 549. — D. *A qui doivent obéir les sauvegardes?*

R. Qu'elles soient prises dans la gendarmerie ou tirées des régiments, les sauvegardes doivent obéir au grand-prévôt ainsi qu'aux officiers et sous-officiers de gendarmerie, qui s'assurent qu'elles suivent exactement les instructions qu'elles ont reçues des généraux.

Elles rendent compte des difficultés qu'elles rencontrent dans l'exécution de leur mission et des violences qu'elles peuvent éprouver.

Art. 550. — *D. Qui est chargé de la surveillance spéciale de la propreté des abords des camps?*

R. La propreté des abords des camps est sous la surveillance spéciale de la gendarmerie. Elle requiert les corps de troupe de faire enfouir les détritus des abatages qu'ils font pour leur compte.

En cas de départ précipité d'une troupe, celle qui la remplace est tenue de s'acquitter de ce soin.

Les animaux morts trouvés à proximité des camps sont signalés aux chefs d'état-major, qui font commander les corvées nécessaires pour procéder à leur enfouissement.

En un mot, la gendarmerie porte une attention constante à tout ce qui concerne la salubrité publique.

Art. 551. — *D. La gendarmerie doit-elle faire des patrouilles dans l'étendue du pays occupé par la fraction de l'armée à laquelle elle est attachée, et quel est l'objet de ces patrouilles?*

R. Des patrouilles de jour et de nuit sont faites par la gendarmerie dans toute l'étendue du pays occupé par la fraction de l'armée à laquelle elle est attachée.

Ces patrouilles ont pour objet d'empêcher tout désordre, de faire fermer les cabarets ou tous autres lieux publics aux heures fixées, de conduire à leur corps les soldats avinés, d'arrêter les espions, d'empêcher la maraude, etc.

Quand la troupe est logée chez l'habitant, des patrouilles mixtes, composées de quelques soldats dirigés par un ou deux gendarmes, peuvent être formées pour aider la gendarmerie à protéger les populations et les propriétés.

Art. 533. — *D. La gendarmerie peut-elle être organisée en bataillons, escadrons, régiments, légions, etc.?*

R. Indépendamment du service qu'elle est appelée à faire aux armées, comme force publique, la gendarmerie peut être organisée en bataillons, escadrons, régiments ou légions, pour faire partie des brigades de l'armée active, tant à l'intérieur qu'à l'extérieur.

ORDRE ET DISCIPLINE.

Art. 556. — *D. Quelles sont les formalités à remplir par les sous-officiers, brigadiers et gendarmes, lorsqu'ils désirent se marier?*

R. Les sous-officiers, brigadiers et gendarmes ne peuvent se marier sans en avoir obtenu la permission du conseil d'administration de la compagnie à laquelle ils appartiennent, approuvée par le chef de légion. Indépendamment des garanties de moralité exigées en pareils cas, le conseil d'administration doit s'assurer que la future possède des ressources suffisantes pour ne pas être à la charge du militaire qui désire l'épouser.

Dans le cas où le conseil d'administration croit devoir refuser son consentement, il est tenu de faire connaître les motifs de son refus au chef de légion ou de corps, qui en réfère au ministre.

Si le chef de légion ou de corps refuse son approbation, il est tenu d'en rendre compte au ministre.

Art. 557. — D. *Où les sous-officiers, brigadiers et gendarmes sont-ils logés, en quelles circonstances peuvent-ils découcher, et doit-il rester un gendarme de garde à la caserne?*

R. Les sous-officiers, brigadiers et gendarmes logent dans les casernes ou maisons qui en tiennent lieu; ils ne peuvent découcher que pour objet de service. A moins que les circonstances n'exigent l'emploi de la brigade tout entière, il y a toujours un gendarme de garde à la caserne.

Art. 558. — D. *Les femmes et les enfants des sous-officiers, brigadiers et gendarmes peuvent-ils habiter les casernes et à quelles conditions; quels sont ceux de leurs parents qui peuvent y être admis exceptionnellement?*

R. Les femmes et les enfants des sous-officiers, brigadiers et gendarmes peuvent habiter les casernes : ils doivent y tenir une conduite régulière, sous peine d'en être renvoyés d'après les ordres du chef de la légion.

Un père infirme, une mère ou une sœur peuvent y être admis exceptionnellement, avec l'autorisation du chef de la légion.

Art. 559. — D. *Les sous-officiers, brigadiers et gendarmes peuvent-ils exercer un métier ou une profession, et quelles sont les industries interdites à leurs femmes?*

R. Aucun sous-officier, brigadier ou gendarme ne peut faire commerce, tenir cabaret, ni exercer aucun métier ou profession; les femmes ne peuvent également, dans la résidence de leur mari, tenir cabaret, billard, café ou tabagie, ni faire aucun commerce apparent dans l'intérieur de la caserne.

Il est interdit aux militaires de la gendarmerie de se constituer mandataires d'une agence particulière. (*Circ. du 8 juill.* 1840.)

Art. 560. — D. *Quelles sont les heures auxquelles les maréchaux des logis, brigadiers et gendarmes sont tenus de rentrer à la caserne?*

R. Hors le cas de service, les maréchaux des logis, brigadiers et gendarmes, sont tenus de rentrer à la caserne à neuf heures du soir en hiver et à onze heures en été.

Dans les chefs-lieux d'arrondissement, les command. ats de brigade sont autorisés, en toute saison, à ne rentrer à la caserne qu'une heure après l'appel du soir. (*Art. 217 du régl. du 9 avril 1858.*)

Art. 561. — *D. Quels sont les devoirs à remplir par les gendarmes lorsqu'ils veulent s'absenter de la caserne?*

R. Les gendarmes ne peuvent s'absenter de la caserne sans en prévenir le commandant de la brigade et sans lui dire où ils vont, afin qu'on puisse les trouver au besoin : il leur est enjoint d'être constamment dans une bonne tenue militaire.

Art. 562. — *D. Quelles sont les mesures prises à l'égard des sous-officiers, brigadiers et gendarmes qui contractent des dettes?*

R. Les officiers doivent tenir sévèrement la main à ce que les sous-officiers, brigadiers et gendarmes sous leurs ordres ne se livrent point à des dépenses qui les mettraient dans le cas de contracter des dettes ; celles qui ont pour objet leur subsistance ou des fournitures relatives au service sont payées au moyen d'une retenue ordonnée par les chefs de légion, et donnent lieu, en outre, à des punitions disciplinaires.

Art. 564. — *D. Quelles sont les mesures de répression indiquées par le décret du 1er mars 1854 à l'égard des sous-officiers, brigadiers et gendarmes qui ont l'habitude de s'enivrer?*

R. L'habitude de s'enivrer, quand bien même elle n'est pas accompagnée de circonstances aggravantes, suffit pour motiver l'exclusion du corps de la gendarmerie : en conséquence, cette exclusion peut être prononcée contre tout sous-officier, brigadier et gendarme qui, en peu d'années, a subi trois punitions pour cause d'ivrognerie.

Les actes d'ivresse sont passibles de peines disciplinaires d'abord et de conseil de guerre ensuite. (*Circ. du 6 mai 1873.*)

Les militaires arrêtés pour ivresse doivent être mis provisoirement en liberté dès que cet état a cessé. (*Circ. du 22 mai 1878.*)

INSTRUCTION SPÉCIALE ET MILITAIRE.

Art. 566. — *D. Que doit comprendre l'instruction théorique des sous-officiers et brigadiers de gendarmerie?*

R. L'instruction théorique des sous-officiers et brigadiers doit comprendre particulièrement les titres III, IV et V du même décret (celui du 1er mars 1854), et spécialement la connaissance approfondie des fonctions qu'ils sont journellement appelés à remplir, soit comme chefs de brigade, soit comme commandants de la force publique.

Art. 567. — D. *Quelle doit être l'instruction spéciale des gendarmes?*

R. L'instruction spéciale des gendarmes doit avoir pour objet l'exposé sommaire des devoirs imposés aux militaires de l'arme par le titre IV du même décret (celui du 1er mars 1854), et notamment la connaissance du service ordinaire et extraordinaire des brigades. Il est fréquemment donné lecture à chaque brigade assemblée des prescriptions du présent décret, concernant la discipline de l'arme, les règles particulières qui la régissent et les dispositions générales qui sont d'une application journalière dans l'exécution du service.

Art. 568. — D. *Quels sont les devoirs des officiers de tout grade et des commandants de brigade pour fortifier et entretenir l'instruction militaire de l'arme?*

R. Les officiers de tout grade et les commandants de brigade ne doivent négliger aucun moyen de fortifier et d'entretenir l'instruction militaire de l'arme. A cet effet, les chefs de légion donnent des ordres pour que, deux fois par mois, pendant la saison d'été, et lorsque les exigences du service ne s'y opposent point, des réunions de plusieurs brigades aient lieu sur des points intermédiaires, où elles sont exercées à cheval sous les ordres des commandants d'arrondissement.

Les commandants de compagnie doivent déterminer les points de réunion de manière à ce que les brigades n'aient pas, autant que possible, plus de dix kilomètres à parcourir pour se rendre sur le terrain d'exercice.

Ces réunions de brigades ne doivent, sous aucun prétexte, motiver la suspension ou l'interruption du service habituel.

Les brigades à pied sont toujours exercées dans leur résidence.

Tout commandant de compagnie ou d'arrondissement doit pouvoir commander l'école d'escadron, et tout sous-officier ou brigadier l'école de peloton.

Art. 569. — D. *Quelles sont les récompenses accordées aux sous-officiers, brigadiers et gendarmes qui ont le plus contribué aux progrès des diverses parties de l'instruction spéciale et militaire?*

R. Chaque année, à l'époque des inspections générales, des gratifications sont accordées dans chaque compagnie, par le ministre de la guerre, aux sous-officiers, brigadiers et gendarmes qui ont le plus contribué aux progrès des diverses parties de l'instruction spéciale et militaire.

FAUTES CONTRE LA DISCIPLINE ET DROIT DE PUNIR.

Art. 570. — D. *Quelles sont les fautes réputées fautes contre la discipline?*

R. Sont réputées fautes contre la discipline,

De la part des supérieurs :

Tout propos injurieux ou humiliant envers un subordonné ; toute punition injustement infligée et tout abus d'autorité à son égard ;

Toute négligence de leur part à punir les fautes de leurs subordonnés et à rendre compte à leurs chefs.

De la part de l'inférieur :

Tout défaut d'obéissance, tant qu'il n'a pas le caractère d'un délit ; tout murmure, mauvais propos, signe de mécontentement envers des supérieurs ; tout manquement au respect qui leur est dû ; toute violation des punitions de discipline ; tout dérèglement de conduite ; la passion du jeu et l'habitude de contracter des dettes ; les querelles, soit entre les hommes de la gendarmerie, soit avec d'autres militaires, soit avec des habitants des villes et des campagnes ;

L'ivresse, *lors même* qu'elle ne trouble point l'ordre public ou militaire ; le manquement aux appels et toute absence non autorisée ; toute contravention aux règlements sur la police, la discipline et sur les différentes parties du service ;

Enfin tout ce qui, dans la conduite ou dans la vie habituelle du militaire, s'écarte de la règle, de l'ordre, de l'esprit d'obéissance et de la déférence que le subordonné doit à ses chefs.

Les fautes deviennent plus graves quand elles se réitèrent, et surtout quand elles ont lieu pendant la durée du service, ou lorsqu'il s'y joint quelque circonstance qui peut porter atteinte à l'honneur ou entraîner du désordre.

Art. 571. — D. *Les officiers, sous-officiers, brigadiers et gendarmes sont-ils soumis, chacun en ce qui le concerne, aux règlements de discipline militaire et aux peines que les supérieurs sont autorisés à infliger à leurs inférieurs pour les fautes et négligences dans le service?*

R. Oui.

Art. 572. — D. *En ce qui concerne le service et l'ordre public, tout officier, sous-officier, brigadier ou gendarme peut-il être puni par un militaire de l'arme du grade supérieur au sien, ou qui en exerce temporairement les fonctions?*

R. Oui.

Art. 573. — *D. Par qui les punitions peuvent-elles être restreintes ou augmentées?*

R. Les chefs de légion de gendarmerie peuvent, d'après le compte qui leur est rendu, restreindre ou augmenter les punitions prononcées par les officiers et chefs de brigade sous leurs ordres, sans s'écarter, dans aucun cas, des règles qui sont prescrites ci-après pour la nature et la durée des punitions.

Ils peuvent en changer la nature et même les faire cesser; dans ce cas, ils font apprécier, à celui qui a puni, l'erreur qu'il a commise, et le chargent de lever la punition. Ils le punissent lui-même, s'ils reconnaissent qu'il y ait eu de sa part abus d'autorité.

Art. 574. — *D. Les punitions infligées par leurs chefs aux militaires de la gendarmerie doivent-elles être inscrites sur le registre à ce destiné, et comment ces inscriptions doivent-elles être faites?*

R. Les punitions infligées par leurs chefs aux militaires de la gendarmerie devant être examinées chaque année par les inspecteurs généraux de l'arme et pouvant motiver, de leur part, une répression nouvelle, sont inscrites sur les registres à ce destinés, avec des détails suffisants pour faire apprécier la nature et la gravité des fautes qui les ont provoquées.

PUNITIONS DES SOUS-OFFICIERS, BRIGADIERS ET GENDARMES.

Art. 581. — *D. Quelles sont les punitions de discipline à infliger aux sous-officiers, brigadiers et gendarmes?*

R. Les punitions de discipline à infliger aux sous-officiers, brigadiers et gendarmes sont :
La consigne à la caserne;
La salle de police;
La prison du corps.
Ces punitions ne peuvent être infligées pour plus de quinze jours.

Art. 582. — *D. De quelle manière les punitions sont-elles infligées aux sous-officiers, brigadiers et gendarmes?*

R. Les punitions sont infligées de la manière suivante :
Par les sous-officiers et brigadiers, huit jours de consigne et quatre jours de salle de police;
Par les commandants d'arrondissement, dix jours de consigne, huit jours de salle de police et quatre jours de prison;
Par les commandants de compagnie, quinze jours de consigne, quinze jours de salle de police et huit jours de prison;
Le chef de légion peut ordonner jusqu'à quinze jours de salle de police et quinze jours de prison.

Dans les corps de gendarmerie ayant une organisation régimentaire, les punitions infligées par les sous-officiers et brigadiers sont les mêmes que celles déterminées par l'ordonnance du 2 novembre 1833 sur le service intérieur des corps.

Les militaires de la gendarmerie ne peuvent être punis que : 1° par leurs chefs directs ; 2° les généraux gouverneurs militaires ; 3° les généraux commandant les régions de corps d'armée ; 4° les généraux et les chefs d'état-major des corps auxquels ces militaires appartiennent. (Art. 517 *du présent décret et lettre ministérielle du 15 juin 1881.*)

Les gouverneurs militaires et les commandants de corps d'armée ont en outre le droit d'augmenter, de diminuer et de changer les punitions ; mais ils n'ont pas celui de casser, de faire rétrograder ou de suspendre un chef de brigade. (*Circ. du 8 fév. 1876.*)

Art. 583. — *D. Si un sous-officier, brigadier ou gendarme commet contre la discipline une faute de nature à mériter une plus forte punition que celles indiquées à l'art. 565 du décret du 1ᵉʳ mars 1854, que doit-il être fait ?*

R. Si un sous-officier, brigadier ou gendarme commet contre la discipline une faute de nature à mériter une plus forte punition, les chefs de légion sont autorisés à prolonger la peine de la prison jusqu'à ce que le ministre de la guerre ait prononcé. Ils sont tenus de lui adresser leur rapport à cet effet dans les trois jours, à compter de celui où ils ont cru devoir prolonger la durée de cette peine.

D. Où les punitions de salle de police et de prison doivent-elles être subies par les commandants de brigade ?

R. Les punitions de salle de police et de prison, pour les commandants de brigade, sont toujours subies au chef-lieu de l'arrondissement ou de la compagnie.

D. Quelles sont les exceptions à l'égard des punitions à infliger aux maréchaux des logis adjoints aux trésoriers ?

R. Les punitions à infliger aux maréchaux des logis adjoints aux trésoriers sont prononcées, pour ce qui concerne leur service spécial, par l'officier qui en a la direction ou par le commandant de la compagnie ; pour tout autre objet, elles le sont par tout supérieur en grade.

Art. 584. — *D. Les sous-officiers, brigadiers et gendarmes punis sont-ils dispensés du service ?*

R. Les sous-officiers, brigadiers et gendarmes consignés ne sont dispensés d'aucun service ; les sous-officiers, brigadiers et gendarmes punis de la salle de police ou de prison ne font aucun service.

Les officiers ont la faculté de faire faire le service aux hommes punis de salle de police toutes les fois qu'il n'y a pas d'inconvénients sérieux. (*Circ. du 29 juill. 1870.*)

Art. 585. — *D. Les commandants de compagnie peuvent-ils augmenter ou diminuer les punitions infligées par leurs inférieurs? Par qui peut-il être ordonné que les sous-officiers, brigadiers et gendarmes punis de la prison subissent leur peine à la prison de la place?*

R. Les commandants de compagnie peuvent augmenter les punitions infligées par leurs inférieurs dans les limites déterminées par l'art. 565 ci-dessus; lorsqu'il y a lieu de diminuer une punition, ils en font la demande au chef de légion par la voie du rapport journalier.

La prison de la place étant supprimée par décision du 10 août 1872, aucun chef ne peut ordonner que les sous-officiers, brigadiers et gendarmes subiront cette peine. Lorsque la prison du corps leur est infligée, il en est rendu compte aux généraux, conformément à l'art. 132 du présent décret.

Art. 586. — *D. Les dispositions de l'art. 579 du décret du 1er mars 1854 sont-elles applicables aux réclamations que les sous-officiers, brigadiers et gendarmes peuvent élever contre les punitions qui leur ont été infligées?*

R. Les dispositions de l'art. 579 (1) sont applicables aux réclamations que les sous-officiers, brigadiers et gendarmes peuvent élever contre les punitions qui leur ont été infligées par leurs supérieurs.

Ces réclamations sont transmises au chef de légion par la voie hiérarchique, avec l'avis des commandants de compagnie.

SUSPENSION, RÉTROGRADATION ET CASSATION DES SOUS-OFFICIERS ET BRIGADIERS.

Art. 587. — *D. Les adjudants, maréchaux des logis chefs et maréchaux des logis adjoints aux trésoriers, maréchaux des logis et brigadiers commandants de brigade peuvent-ils être suspendus de leurs fonctions, et, dans ce cas, à quel service sont-ils astreints?*

R. Les adjudants, maréchaux des logis chefs et maréchaux des logis adjoints aux trésoriers, maréchaux des logis et brigadiers commandants de brigade peuvent être suspendus de leurs fonctions pendant un temps qui n'excède pas deux mois.

Les premiers sont astreints, pendant ce temps, au service du grade inférieur; les brigadiers sont appelés au chef-lieu de l'arron-

---

(1) Art. 579. Tout officier, lors même qu'il se croit injustement puni, doit d'abord se soumettre à la punition disciplinaire prononcée contre lui; mais il peut, après avoir obéi, faire des réclamations auprès de l'officier immédiatement supérieur à celui qui a puni.

Les punitions contre lesquelles on a réclamé sans de justes motifs peuvent être augmentées par les chefs de légion.

dissement ou de la compagnie, à la disposition des officiers commandants.

Art. 588. — *D. Par qui et comment les suspensions sont-elles prononcées ?*

R. Les suspensions sont prononcées par le ministre de la guerre, sur la proposition du chef de légion.

Cette proposition doit être transmise par l'intermédiaire du général commandant le corps d'armée, conformément aux circ. des 6 avril 1873 et 8 fév. 1876.

Elles peuvent l'être sur la demande des chefs de légion, par les inspecteurs généraux, pendant le cours de leurs opérations, à la charge d'en rendre compte immédiatement au ministre.

Ce paragraphe paraît supprimé par les deux circulaires citées plus haut.

Dans l'un et l'autre cas, les rapports adressés au ministre doivent être appuyés de la plainte du commandant de l'arrondissement et de l'avis motivé du commandant de la compagnie.

Si la plainte concerne un adjoint au trésorier, pour des faits relatifs à ses fonctions spéciales, le rapport est rédigé par le trésorier et transmis au chef de légion par le commandant de la compagnie, avec l'avis motivé du sous-intendant militaire.

La suspension est mise à l'ordre du jour de la légion.

Art. 589. — *D. Par qui les commandants de brigade sont-ils remplacés ?*

R. Les commandants de brigade suspendus de leurs fonctions sont remplacés temporairement dans le commandement de leur brigade comme le détermine l'art. 236 du présent décret.

Les adjudants et les maréchaux des logis chefs sont remplacés conformément au principe posé par le même article.

Les maréchaux des logis adjoints au trésorier sont remplacés par un brigadier ou, à défaut, par un gendarme délégué par le commandant de la compagnie.

Art. 590. — *D. Comment la rétrogradation est-elle appliquée ?*

R. La rétrogradation s'applique ainsi qu'il suit :

Les adjudants descendent au grade de maréchal des logis chef ;

Les maréchaux des logis chefs au grade de maréchal des logis ;

Les maréchaux des logis adjoints aux trésoriers, à celui de brigadier ; ils conservent leurs fonctions spéciales ;

Les maréchaux des logis commandants de brigade descendent à l'emploi de brigadier, pour être envoyés dans une résidence affectée à ce grade.

La plainte doit être formulée comme pour la suspension, et appuyée des mêmes pièces.

La rétrogradation ne peut être prononcée que par le ministre; elle est mise à l'ordre de la légion.

Art. 591. — D. *Par qui et comment la cassation d'un sous-officier ou brigadier de gendarmerie peut-elle être prononcée?*

R. La cassation d'un sous-officier ou brigadier de gendarmerie ne peut être prononcée que par le ministre, soit sur la proposition de l'inspecteur général, soit dans l'intervalle des inspections, sur celle du chef de la légion.

Toute proposition de cette nature doit être accompagnée des mêmes pièces que pour la suspension et la rétrogradation, et, en outre, d'un relevé des punitions, d'un extrait du compte ouvert et d'un état de service du sous-officier ou brigadier.

Le sous-officier ou le brigadier de gendarmerie cassé de son grade est envoyé comme simple gendarme dans une compagnie de la légion autre que celle à laquelle il appartenait.

La cassation est mise à l'ordre de la légion.

Art. 592. — D. *Pour les corps de gendarmerie ayant une organisation régimentaire, comment les suspensions, rétrogradations et cassations doivent-elles s'effectuer?*

R. Pour les corps de gendarmerie ayant une organisation régimentaire, les suspensions, rétrogradations et cassations s'effectuent comme dans les corps de troupe, sauf toutefois que ces peines ne peuvent être prononcées que par le ministre.

CRIMES ET DÉLITS COMMIS PAR LA GENDARMERIE.

Art. 593. — D. *De quels tribunaux les officiers, sous-officiers et gendarmes sont-ils justiciables?*

R. Les officiers, sous-officiers, brigadiers et gendarmes sont, comme les autres militaires de l'armée, justiciables des conseils de guerre, si ce n'est pour les crimes et délits commis dans l'exercice de leurs fonctions relatives à la police judiciaire et à la constatation des contraventions en matière administrative.

Art. 594. — D. *Si l'officier, sous-officier, brigadier ou gendarme est accusé tout à la fois d'un délit ou crime militaire et de tout autre délit ou crime de la compétence des tribunaux ordinaires et des Cours d'assises, à qui la connaissance en appartient-elle?*

R. Si l'officier, sous-officier, brigadier ou gendarme est accusé tout à la fois d'un délit ou crime militaire et de tout autre délit ou crime de la compétence des tribunaux ordinaires et des Cours d'assises, il est procédé à son égard conformément à l'art. 60 du Code de justice militaire.

Art. 595. — *D. En quelles circonstances les militaires de la gendarmerie sont-ils réputés déserteurs et poursuivis comme tels?*

R. Les militaires de la gendarmerie qui n'ont pas rejoint leur poste dans les quinze jours qui suivent l'expiration, soit de leurs congés ou permissions, soit des délais fixés par leurs feuilles de route, sont réputés déserteurs et poursuivis comme tels, lors même qu'ils ont accompli le temps de service voulu par la loi du recrutement.

Art. 599. — *D. En quelles circonstances un militaire de la gendarmerie peut-il être envoyé à une compagnie de discipline?*

R. Tout militaire de la gendarmerie encore lié au service, et qui, sans avoir commis de délits justiciables des conseils de guerre, porte habituellement le trouble et le mauvais exemple dans sa brigade par des fautes et contraventions pour lesquelles les peines de simple discipline sont insuffisantes, peut être envoyé, d'après l'avis d'un conseil convoqué à cet effet, et sur l'ordre du ministre de la guerre, dans une compagnie de discipline.

Celui qui a quinze ans de service et moins de vingt-cinq est traduit devant un conseil de discipline lorsque sa conduite est de nature à motiver une demande de renvoi. (*Circ. du 16 mars 1870.*)

REMONTE.

Art. 610. — *D. Les sous-officiers de gendarmerie nommés sous-lieutenants sont-ils remboursés de leurs chevaux, et à quelles conditions?*

R. Les sous-officiers de gendarmerie nommés sous-lieutenants sont remboursés, à prix d'estimation, de la valeur de leurs chevaux, pourvu que ces chevaux aient été reconnus d'origine française et susceptibles de servir de monture d'officier.

Ils peuvent, toutefois, disposer de leurs chevaux, sauf à être montés d'après les dispositions de l'art. 609.

(Cet article ne concerne que les officiers.)

Art. 617. — *D. Dans quel délai tout militaire admis dans la gendarmerie à cheval et tout sous-officier, brigadier ou gendarme démonté est-il tenu de se pourvoir d'un cheval, et à quelles conditions?*

R. Tout militaire admis dans la gendarmerie à cheval et tout sous-officier, brigadier ou gendarme démonté est tenu de se pourvoir à ses frais, dans le délai d'un mois, d'un cheval d'origine française et réunissant les conditions fixées par l'art. 607 du présent décret, modifié par la décision du 15 juin 1860.

D. Quelles sont ces conditions?

R. Aucun cheval ne peut être admis s'il n'est d'origine française dûment constatée, de l'âge de cinq ans au moins et de sept ans au plus, et de la taille de 1 mètre 52 centimètres à 1 mètre 60 centimètres. (*Décis. du 15 juin* 1860.)

L'origine est constatée par un certificat délivré, en double expédition, par le maire de la localité, sur les déclarations de deux propriétaires ou cultivateurs s'occupant de l'élève des chevaux, mais n'en faisant pas le commerce.

Tout cheval entier est rigoureusement exclu (*art.* 607).

Art. 618. — *D. Par qui et comment les chevaux achetés par les sous-officiers, brigadiers et gendarmes sont-ils reçus?*

R. Les chevaux sont reçus par le conseil d'administration, assisté d'un vétérinaire civil ou militaire. Aussitôt après leur réception, ils sont signalés sur les contrôles de la compagnie, et les fourrages leur sont fournis par les magasins des brigades.

Art. 619. — *D. Lorsqu'un sous-officier, brigadier ou gendarme n'a pas trouvé à se remonter dans le délai d'un mois, ou lorsqu'il a renoncé à jouir de ce délai, que doit-il être fait?*

R. Lorsqu'un sous-officier, brigadier ou gendarme n'a pas trouvé à se remonter dans le délai d'un mois, ou lorsqu'il a renoncé à jouir de ce délai, il est remonté d'office par le corps de cavalerie désigné pour remonter sa compagnie.

Art. 620. — *D. Comment doit-il être procédé, dans les régiments de cavalerie, à la réception des chevaux destinés aux sous-officiers, brigadiers et gendarmes, et à leur répartition entre ces derniers?*

R. Un officier de gendarmerie, choisi parmi ceux qui possèdent le plus de connaissances hippiques, est désigné par le chef de légion pour procéder à la réception des chevaux à livrer aux hommes démontés. Cet officier est spécialement chargé d'éclairer les gendarmes sur le choix de leurs montures; il peut refuser celles qui ne lui paraissent pas convenables au service de l'arme.

Le nombre des chevaux présentés doit toujours être supérieur du tiers, au moins, à celui des hommes à remonter. (*Décis. du* 15 *juin* 1860.)

Les sous-officiers, brigadiers et gendarmes exercent librement leur choix, d'après leur grade ou leur ancienneté; ils sont informés de la valeur des chevaux, qui sont, d'ailleurs, livrés par le régiment au prix d'acquisition.

Nota. Des régiments de cavalerie ont été substitués aux dépôts de remonte par les circulaires des 15 novembre 1878 et 15 février 1879.

Les gendarmes peuvent essayer les chevaux avant d'en prendre livraison. (*Note minist. du* 15 *juin* 1879 *et circ. du* 15 *sept. suivant.*)

Art. 621. — *D. Comment les chevaux fournis à la gendarmerie par les régiments sont-ils conduits à leur destination?*

R. Lorsqu'il y aura une voie ferrée et lorsque la distance à parcourir excédera une étape, chaque sous-officier, brigadier ou gendarme emmènera son cheval aussitôt après l'avoir reçu, en se servant du chemin de fer, conformément aux dispositions du règlement du 29 mars 1837. (*Décis. du 15 juin 1860.*)

Art. 623. — *D. Les sous-officiers, brigadiers et cavaliers des corps de troupe passant dans la gendarmerie peuvent-ils y emmener leurs chevaux, et dans ce cas comment doit-il être procédé?*

R. Les sous-officiers, brigadiers et cavaliers des corps de troupe passant dans la gendarmerie peuvent y emmener, en en payant la valeur au prix d'estimation, le cheval immatriculé à leur nom au moment de leur admission, ou tout autre cheval disponible dans le corps, qui est reconnu plus convenable que ce dernier au service spécial de la gendarmerie.

Une commission, composée d'un officier supérieur, président; du capitaine-instructeur ou son suppléant; d'un capitaine d'escadron et du vétérinaire chef de service, procède à l'estimation des chevaux. L'officier de gendarmerie présent à la réception des chevaux n'a aucun avis à donner sur le prix de l'animal. Sa mission se borne à éclairer les gendarmes sur le choix de leurs montures et à refuser celles qui ne leur paraissent pas convenables au service de l'arme. (*Circ. 15 fév. 1879.*)

Art. 624. — *D. Comment les chevaux provenant des dépôts ou des corps de cavalerie sont-ils immatriculés dans les compagnies de gendarmerie?*

R. Au moment de leur arrivée au chef-lieu de la compagnie, les chevaux provenant des dépôts ou des corps de cavalerie sont examinés et immatriculés par les soins du conseil d'administration de la compagnie.

Art. 625. — *D. Dans l'intervalle des inspections, les sous-officiers, brigadiers ou gendarmes peuvent-ils vendre ou échanger leurs chevaux?*

R. Dans l'intervalle des inspections, aucun sous-officier, brigadier ou gendarme ne peut vendre ni échanger son cheval.

D. Si, dans l'intervalle des inspections, d'importantes considérations de service nécessitent la prompte réforme d'un cheval, comment doit-il être procédé?

R. Cependant, si d'importantes considérations de service nécessitent la prompte réforme d'un cheval, le chef de légion, sur la demande du commandant de l'arrondissement et d'après l'avis du commandant de la compagnie, peut en autoriser l'échange ou la vente; mais, à la prochaine revue, il en est rendu compte à l'inspecteur général, qui vérifie l'exactitude des motifs d'urgence, et, s'il y a abus, il en fait un rapport spécial au ministre de la guerre.

Art. 626. — D. *Les chevaux réformés doivent-ils être, autant que possible, maintenus au service jusqu'au moment de leur remplacement?*

R. Oui.

Art. 627. — D. *Les chevaux des sous-officiers, brigadiers et gendarmes peuvent-ils être employés à un autre usage que pour le service?*

R. Il est expressément défendu aux sous-officiers, brigadiers et gendarmes de prêter leurs chevaux ou de les employer à tout autre usage que pour le service; ceux qui contreviennent à cette défense sont passibles de peines disciplinaires.

Art. 628. — D. *Les sous-officiers, brigadiers et gendarmes peuvent-ils, en quittant l'arme, disposer de leurs chevaux?*

R. Les sous-officiers, brigadiers et gendarmes ne peuvent, en quittant l'arme, disposer de leurs chevaux qu'avec l'agrément du conseil d'administration de la compagnie, qui est également juge de l'opportunité de conserver les chevaux des militaires décédés.

Ces chevaux sont reçus jusqu'à l'âge de douze ans et au-dessus, s'ils sont reconnus propres à faire encore quatre ans de bon service. (V. *art.* 724 *du décret du* 18 *fév.* 1863 *et circ. minist. du* 3 *sept.* 1867, *décret du* 14 *juin* 1878, *circ. du* 3 *juill. suivant et du* 1er *juill.* 1879.)

Art. 629. — D. *Dans quel cas peut-on rendre un cheval, et si une jument devient pleine que doit-il être fait?*

R. Les chevaux livrés aux sous-officiers, brigadiers et gendarmes par les dépôts de remonte ou par les corps ne peuvent être réintégrés que pour vices rédhibitoires. (V. *Loi du* 20 *mai* 1838.)

Lorsqu'une jument devient pleine, il n'y a pas lieu non plus de la réintégrer; son poulain est vendu au profit du cavalier dès qu'il peut être sevré. (*Décis. du* 15 *juin* 1860.)

DEVOIRS GÉNÉRAUX ET DROITS DE LA GENDARMERIE DANS L'EXÉCUTION DU SERVICE.

Art. 630. — D. *La gendarmerie doit-elle assistance à toute personne qui réclame son secours?*

R. Une des principales obligations de la gendarmerie étant de veiller à la sûreté individuelle, elle doit assistance à toute personne qui réclame son secours dans un moment de danger. Tout militaire du corps de la gendarmerie qui ne satisfait pas à cette obligation, lorsqu'il en a la possibilité, se constitue en état de prévarication dans l'exercice de ses fonctions.

Art. 631. — D. *Comment est qualifié tout acte de la gendarmerie qui trouble les citoyens dans l'exercice de leur liberté individuelle, et quelle pénalité entraîne-t-il?*

R. Tout acte de la gendarmerie qui trouble les citoyens dans l'exercice de leur liberté individuelle est un abus de pouvoir : les officiers, sous-officiers, brigadiers et gendarmes qui s'en rendent coupables encourent une peine disciplinaire, indépendamment des poursuites judiciaires qui peuvent être exercées contre eux.

Art. 632. — D. *Hors le cas de flagrant délit déterminé par les lois, la gendarmerie peut-elle arrêter un individu sans que ce soit en vertu d'un ordre ou d'un mandat décerné par l'autorité compétente?*

R. Hors le cas de flagrant délit déterminé par les lois, la gendarmerie ne peut arrêter aucun individu, si ce n'est en vertu d'un ordre ou d'un mandat décerné par l'autorité compétente : tout officier, sous-officier, brigadier ou gendarme qui, en contravention à cette disposition, donne, signe, exécute ou fait exécuter l'ordre d'arrêter un individu, ou l'arrête effectivement, est puni comme coupable de détention arbitraire.

Art. 633. — D. *Quelle est la peine encourue par tout militaire du corps de la gendarmerie qui retient un individu dans un lieu de détention non légalement et publiquement désigné par l'autorité administrative pour servir de maison d'arrêt, de justice ou de prison?*

R. Est puni de même (la peine indiquée par l'art. 615 du présent décret), tout militaire du corps de la gendarmerie qui, même dans le cas d'arrestation pour flagrant délit ou dans tous les autres cas autorisés par les lois, conduit ou retient un individu dans un lieu de détention non légalement et publiquement désigné par l'autorité administrative pour servir de maison d'arrêt, de justice ou de prison.

Art. 634. — D. *Devant qui doit être conduit tout individu arrêté en flagrant délit par la gendarmerie, dans les cas déterminés par le décret du 1er mars 1854?*

R. Tout individu arrêté en flagrant délit par la gendarmerie, dans les cas déterminés par le présent décret, et contre lequel il n'est point intervenu de mandat d'arrêt ou un jugement de condamnation à des peines, en matière correctionnelle ou criminelle, est conduit à l'instant même devant l'officier de police; il ne peut être transféré ensuite dans une maison d'arrêt ou de justice qu'en vertu du mandat délivré par l'officier de police.

Art. 635. — D. *Dans le cas où, par l'effet de l'absence de l'officier de police, le prisonnier arrêté en flagrant délit ne peut être entendu immédiatement après l'arrestation, que doit-il être fait?*

R. Dans le cas seulement où, par l'effet de l'absence de l'officier de police, le prévenu arrêté en flagrant délit ne peut être entendu immédiatement après l'arrestation, il est déposé dans l'une des salles de la mairie, où il est gardé à vue, ou dans la chambre de sûreté de la caserne, jusqu'à ce qu'il puisse être conduit devant l'officier de police; mais, sous aucun prétexte, cette conduite ne peut être différée au delà de vingt-quatre heures.

L'officier, sous-officier, brigadier ou gendarme qui a retenu plus longtemps le prévenu, sans le faire comparaître devant l'officier de police, est poursuivi comme coupable de détention arbitraire.

Art. 636. — D. *Lorsque la gendarmerie a un mandat à notifier et que l'individu qui en est l'objet a quitté l'arrondissement, quels devoirs a-t-elle à remplir?*

R. Lorsque la gendarmerie a un mandat à notifier et que l'individu qui en est l'objet a quitté l'arrondissement, elle doit se renseigner sur le lieu de sa retraite; et, dans le cas où elle parvient à le découvrir ou à recueillir des indices qui puissent mettre la justice sur ses traces, elle doit en faire mention dans le procès-verbal de recherches infructueuses qu'elle rédige en pareil cas; elle adresse ce procès-verbal, en y joignant le mandat, au procureur de la République, qui demeure chargé des opérations ultérieures et de transmettre les renseignements, ainsi que le mandat, au procureur de la République de l'arrondissement où l'individu est présumé s'être retiré.

Art. 637. — D. *La gendarmerie peut-elle être requise par les autorités civiles hors l'étendue de leur territoire, comme aussi se transporter dans un autre arrondissement?*

R. La force publique ne peut être requise par les autorités civiles que dans l'étendue de leur territoire; elle ne peut non plus se transporter dans un autre arrondissement sans ordres spéciaux.

Art. 638. — D. *Si la gendarmerie est attaquée dans l'exercice de ses fonctions, a-t-elle le droit de requérir l'assistance des citoyens présents à l'effet de lui prêter main-forte?*

R. Si la gendarmerie est attaquée dans l'exercice de ses fonctions, elle requiert, de par la loi, l'assistance des citoyens présents à l'effet de lui prêter main-forte, tant pour repousser les attaques dirigées contre elle que pour assurer l'exécution des réquisitions et ordres dont elle est chargée.

Art. 639. — D. *Quelles sont les peines encourues par les militaires du corps de la gendarmerie qui refusent d'obtempérer aux réquisitions légales de l'autorité civile?*

R. Les militaires du corps de la gendarmerie qui refusent d'obtempérer aux réquisitions légales de l'autorité civile peuvent être réformés, d'après le compte qui en est rendu au ministre de la guerre, sans préjudice des peines dont ils sont passibles si, par suite de leur refus, la sûreté publique a été compromise.

Art. 641. — D. *Les gardes champêtres sont-ils placés sous la surveillance des commandants de brigade?*

R. Les gardes champêtres des communes sont placés sous la surveillance des commandants de brigade de gendarmerie; ces derniers inscrivent, sur le registre à ce destiné, les noms, l'âge et le domicile de ces gardes champêtres, avec des notes sur leur conduite et leur manière de servir.

Art. 642. — D. *Quelle est la surveillance à exercer par les sous-officiers et brigadiers de gendarmerie à l'égard des gardes champêtres?*

R. Les officiers, sous-officiers et brigadiers de gendarmerie s'assurent, dans leurs tournées, si les gardes champêtres remplissent bien les fonctions dont ils sont chargés; ils donnent connaissance aux préfets ou sous-préfets de ce qu'ils ont appris sur la moralité et le zèle de chacun d'eux.

Art. 643. — D. *Dans quelles circonstances les sous-officiers et brigadiers de gendarmerie peuvent-ils mettre les gardes champêtres en réquisition?*

R. Dans les cas urgents ou pour des objets importants, les sous-officiers et brigadiers de gendarmerie peuvent mettre en réquisition les gardes champêtres d'un canton, et les officiers ceux d'un arrondissement, soit pour les seconder dans l'exécution des ordres qu'ils ont reçus, soit pour le maintien de la police et de la tranquillité publique; mais ils sont tenus de donner avis de cette réquisition aux maires et aux sous-préfets et de leur en faire connaître les motifs généraux.

Art. 644. — D. *Les sous-officiers et brigadiers de gendarmerie peuvent-ils faire remettre aux gardes champêtres le signalement des individus qu'ils ont l'ordre d'arrêter?*

R. Les officiers, sous-officiers et brigadiers de gendarmerie adressent, au besoin, aux maires, pour être remis aux gardes champêtres, le signalement des individus qu'ils ont l'ordre d'arrêter.

Art. 645. — D. *Les gardes champêtres sont-ils tenus d'informer les maires, et ceux-ci les officiers, sous-officiers et brigadiers de gendarmerie, de tout ce qu'ils découvrent de contraire au maintien de l'ordre et de la tranquillité publique?*

R. Les gardes champêtres sont tenus d'informer les maires, et ceux-ci les officiers ou sous-officiers et brigadiers de gendarmerie, de tout ce qu'ils découvrent de contraire au maintien de l'ordre et de la tranquillité publique; ils leur donnent avis de tous les délits qui ont été commis dans leurs territoires respectifs.

Art. 646. — D. *Quelle est la surveillance à exercer par la gendarmerie sur les cantonniers?*

R. La gendarmerie a également le droit de surveillance sur les cantonniers, sans avoir des ordres à leur donner; elle prend note des absences qu'elle remarque parmi ces agents.

Les commandants de brigade adressent sans retard au commandant de l'arrondissement le relevé des notes prises dans le cours de chaque tournée.

Les commandants d'arrondissement transmettent au commandant de compagnie, les 8, 16, 24 et 30 ou 31 de chaque mois, des états récapitulatifs des absences constatées par les brigades sous leurs ordres.

Les commandants de compagnie transmettent immédiatement au préfet du département les états par arrondissement.

Art. 647. — D. *Les tableaux indiquant les noms et les stations des cantonniers par arrondissement de sous-préfecture, ainsi que les états particuliers et les imprimés nécessaires pour l'inscription des absences remarquées, doivent-ils être fournis à la gendarmerie?*

R. Les tableaux indiquant les noms et les stations des cantonniers par arrondissement de sous-préfecture, et les états particuliers destinés à faire connaître les cantonniers compris dans la circonscription de chaque brigade, sont fournis tout dressés à la gendarmerie, ainsi que les imprimés nécessaires pour l'inscription des absences remarquées.

Art. 648. — D. *La gendarmerie est-elle tenue d'établir les relevés d'absence des cantonniers?*

R. Les relevés d'absence sont les seules pièces que la gendarmerie soit tenue d'établir elle-même.

Elle est expressément dispensée de tout rapport qui exige de sa part la moindre dépense en frais de bureau.

Art. 650. — D. *Les cantonniers doivent-ils obtempérer à toutes les demandes et réquisitions qui leur sont faites par les sous-officiers, brigadiers et gendarmes ?*

R. Les cantonniers, par leur état et leur position, pouvant mieux que personne donner des renseignements exacts sur les voyageurs à pied, à cheval ou en voiture, et étant d'utiles agents auxiliaires de la gendarmerie pour faire découvrir les malfaiteurs, doivent obtempérer à toutes les demandes et réquisitions qui leur sont faites par les sous-officiers, brigadiers et gendarmes.

Art. 651. — D. *Dans le cas de soulèvement armé, les commandants de gendarmerie peuvent-ils mettre en réquisition les agents subalternes de toutes les administrations publiques et des chemins de fer ?*

R. Dans le cas de soulèvement armé, les commandants de la gendarmerie peuvent mettre en réquisition les agents subalternes de toutes les administrations publiques et des chemins de fer ; ces réquisitions sont adressées aux chefs de ces administrations, qui sont tenus d'y obtempérer, à moins d'impossibilité dont ils devront justifier sous leur responsabilité.

Art. 652. — D. *Les sous-officiers, brigadiers et gendarmes peuvent-ils s'introduire dans les enceintes, gares et débarcadères des chemins de fer, et en quelles circonstances ?*

R. Les officiers, sous-officiers, brigadiers et gendarmes, dans l'exercice de leurs fonctions et revêtus de leur uniforme, ont le droit de s'introduire dans les enceintes, gares et débarcadères des chemins de fer, d'y circuler et stationner, en se conformant aux mesures de précaution déterminées par le ministre des travaux publics.

Art. 653. — D. *Les officiers, sous-officiers, brigadiers et gendarmes sont-ils exempts des droits de péage et de passage des bacs, ainsi que les voitures, chevaux et personnes qui marchent sous leur escorte ?*

R. Les officiers, sous-officiers, brigadiers et gendarmes, sont exempts des droits de péage et de passage des bacs, ainsi que les voitures, chevaux et personnes qui marchent sous leur escorte.

D. *Les sous-officiers, brigadiers et gendarmes voyageant sur un chemin de fer pour affaire de service doivent-ils être admis au bénéfice de la réduction de prix ?*

R. Tout sous-officier et brigadier de gendarmerie voulant voyager sur un chemin de fer pour affaire de service doit être admis au bénéfice de la réduction de prix imposée aux compagnies exploitantes en faveur des militaires voyageant isolément, sur sa déclaration écrite qu'il voyage pour cause de service. Les gendarmes sont admis à la même faveur en présentant une déclaration de leur chef de brigade ou d'un chef supérieur, portant qu'ils voyagent pour cause de service.

Art. 654. — *D. Quelles sont les peines encourues par les militaires de tout grade de la gendarmerie qui, jouissant de la franchise et du contre-seing des lettres, en abusent pour une correspondance étrangère à leurs fonctions?*

R. Les militaires de tout grade de la gendarmerie qui, d'après les règlements, jouissent de la franchise et du contre-seing des lettres, et qui abusent de cette franchise pour une correspondance étrangère à leurs fonctions, seront envoyés dans un autre département; et, en cas de récidive, ils encourent une punition plus sévère.

Art. 655. — *D. Les militaires de la gendarmerie peuvent-ils être distraits de leurs fonctions pour être employés à des services personnels?*

R. Les militaires de la gendarmerie ne peuvent être distraits de leurs fonctions pour être employés à des services personnels; les officiers de gendarmerie ne peuvent non plus, pour les devoirs qui leur sont propres, interrompre les tours de service d'aucun sous-officier, brigadier ou gendarme. Les commandants de compagnie seuls ont le droit de disposer d'un gendarme de l'une des brigades du chef-lieu, pour les travaux d'écritures de la compagnie.

Art. 656. — *D. Tout officier de gendarmerie de service et à cheval a-t-il le droit de se faire accompagner par un gendarme d'ordonnance?*

R. Tout officier de gendarmerie de service et à cheval a le droit de se faire accompagner par un gendarme d'ordonnance dans ses courses et tournées, et s'il reste plus de douze heures absent de sa brigade, ce gendarme a droit à l'indemnité de service extraordinaire. (*Note minist. du 4 mai 1881.*)

Art. 657. — *D. Quelle est la surveillance et la répression à exercer à l'égard des sous-officiers, brigadiers et gendarmes qui maltraitent leurs chevaux?*

R. Les officiers, sous-officiers et brigadiers veillent à ce que les gendarmes ne surmènent et ne maltraitent jamais leurs chevaux, mais, au contraire, qu'ils emploient toujours la douceur, afin d'obtenir d'eux les résultats que les moyens violents ne font qu'éloigner.

Tout sous-officier, brigadier ou gendarme convaincu d'avoir maltraité son cheval doit être puni sévèrement.

Art. 658. — D. *Quelle est la marche que doivent suivre les militaires de la gendarmerie qui sont dans le cas d'adresser des demandes ou réclamations au ministre de la guerre?*

R. Les demandes ou les réclamations que les militaires de la gendarmerie sont dans le cas d'adresser au ministre de la guerre doivent lui parvenir, savoir : pour ce qui concerne le personnel, par les chefs de légion ; pour des réclamations relatives à des pertes ou à d'autres objets administratifs, par le conseil d'administration du corps ou de la compagnie auquel l'homme appartient.

Seulement en cas de déni de justice, et après avoir épuisé tous les degrés de la hiérarchie, les militaires de la gendarmerie peuvent réclamer directement du ministre de la guerre le redressement des griefs ou des abus dont ils ont à se plaindre ; ils joignent à leur réclamation toutes les pièces justificatives pour qu'il y soit fait droit, s'il y a lieu.

Toute demande ou réclamation faite directement au ministre peut donner lieu à une punition sévère, si elle est reconnue mal fondée.

Les demandes et réclamations doivent passer par la voie hiérarchique, même quand elles sont destinées à des ministres autres que le ministre de la guerre. (*Circ. des 3 nov.* 1869 *et* 1er *sept.* 1873.)

Art. 659. — D. *Est-il permis aux militaires de la gendarmerie de publier leurs idées ou leurs réclamations, soit dans les journaux, soit dans les brochures?*

R. Il est formellement interdit aux militaires de tous grades et de toutes armes, en activité de service, de publier leurs idées ou leurs réclamations, soit dans les journaux, soit dans les brochures, sans la permission de l'autorité supérieure.

Les militaires de la gendarmerie qui veulent faire imprimer un écrit doivent donc en demander l'autorisation au ministre, lequel accorde ou refuse, suivant qu'il le juge convenable.

Ceux qui contreviennent à cette prescription se mettent dans le cas d'être punis sévèrement.

NOTA. Les numéros des articles du décret du 1er mars 1854, de 537 à 642 ont été remplacés par les numéros de 554 à 659, en vertu d'une décision présidentielle du 24 juillet 1875.

TABLE ALPHABÉTIQUE

DES MATIÈRES.

(Les chiffres renvoient aux articles du règlement.)

A

B

C

D

E

M

N

O

P

R

S

T

www.ingramcontent.com/pod-product-compliance
Ingram Content Group UK Ltd.
Pitfield, Milton Keynes, MK11 3LW, UK
UKHW020209130726
13696UKWH00002B/809